区块链+实体经济应用

BLOCKCHAIN+
APPLICATION OF REAL ECONOMY

谈 毅 / 著

中国商业出版社

图书在版编目（ＣＩＰ）数据

区块链+实体经济应用 / 谈毅 著.--北京：中国商业出版社，2018.10
ISBN 978-7-5208-0606-0

Ⅰ.①区… Ⅱ.①谈… Ⅲ.①电子商务—支付方式—基本知识 Ⅳ.①F713.361.3

中国版本图书馆 CIP 数据核字(2018)第 267528 号

责任编辑：朱丽丽

中国商业出版社出版发行
(100053 北京广安门内报国寺 1 号)
010-63180647 www.c-cbook.com
新华书店经销
天津中印联印务有限公司印刷

*

710 毫米×1000 毫米 16 开 10.5 印张 140 千字
2019 年 9 月第 1 版 2019 年 9 月第 1 次印刷
定价：42.00 元

****

（如有印装质量问题可更换）

推荐序
INITIAL

　　我第一次与谈先生见面是在北京建国门外交公寓。初见谈先生,其人朴实无华、内敛沉稳。端坐而谈,谈先生对区块链知识如数家珍,其思机敏,如海般波澜;其识丰厚,如渊般深邃。我目前从事区块链事业,又因早年一些社会实践,略有他悟。是日,我们交流所得,取长补短,相谈甚欢,引为知己。唯恨时间太少,不能尽兴。后有谈先生写就此书,邀我为此提序。我彻夜拜读,与智者交流,受凡启迪。

　　谈先生如庖丁解牛,将区块链的经络肌理剖析出来,赤裸裸地展示在读者面前。谈先生从消费者对区块链的误解入手,首先纠正了区块链现存概念中存在的误区,让读者重新认识区块链;其次运用经济学原理以及谈先生丰富而前沿的区块链实践经验,从根本上解释了区块链对市场经济的赋能作用;最后讲述了现今消费市场对区块链的探索及运用,并描绘了未来区块链行业应用的广阔前景。我相信,唯有对区块链的本质了解透彻的人,方能写就如此得心应手之篇章,方能由表及里地解构区块链的奥秘,方能远观区块链的发展前景。相信读者观后,亦有感悟。

　　窃以为固然在区块链发展初期,市场走过一些"弯路",但不得不承认的是目前市场对区块链的运用仅是区块链技术的"冰山一角"。区块链所具有的尖端技术是前所未有的,它将会是21世纪技术革命的开端。区块

区块链+实体经济应用

链将打通经济参与主体之间的联结，将保护经济终端的数据安全，将把控技术性风险在可控范围内，甚至将带来全新的商业模式。当然，区块链距离成熟还有很长一段路要走，市场可能还需要"付出"一些学习成本，就如当年金融革命所带来的震荡一般。拥抱未来市场的经济参与者们，万万不能放过学习、了解区块链的机会，甚至应该主动尝试参与进来。那么，谈先生这本书将是认识区块链的最好途径。

国际阔旗集团董事局主席

顾唤予

前言
PREFACE

区块链技术除了用来炒币，还能够做什么？2008年，化名中本聪的神秘科学家发表文章《比特币：一种点对点式的电子现金系统》（Bitcoin: A Peer-to-Peer Electronic Cash System），自此，区块链技术横空出世。最近一个星期以来，伴随着脸谱宣布发布Libra世界货币体系、比特币市值不断飙升乃至再度突破11000美元高峰，"区块链"一词也一度成为风靡世界互联网的搜索热词。作为脸谱的Libra货币，以及比特币背后的基础技术，区块链技术为信用共识、数据存储与价值交换提供了一种安全可靠的去中心化模式，它的应用前景被学术界及企业界众多人士寄予厚望。

从互联网时代开始，我们实现了信息的互联；移动通信技术的普及，又实现了人与人之间的互联；现在，随着5G技术和物联网技术的发展，我们又即将实现万物互联。

在信息、人、物都实现了互联之后，下一步我们需要做的是什么呢？那就是价值的互联与交换。价值连接的基础是信任，人们迫切地希望能够通过某种技术和机制来建立信任，为价值的流转建立低成本的运行通道。而区块链刚好提供了能够满足条件的解决方案，它可以为数据和交易提供安全、不可篡改的存储和记录方式，从机制层面解决信任问题。此外，从经济学角度看，信任机制的建立是可以促进经济发展的。经济学家费雪讨论过经济发展与价值交换之间的关系，现代货币主义理论的代表人物弗里德曼又对费雪的观点进行了阐释，这个阐释可以简单概括为：GDP约等于流动货币（可以是狭义流动货币M1或者广义流动货币M2）与价值流动速度的乘积。信任机制的建立可以加速价值的流动，从而促进经济的发展。

区块链的可应用范围很广，目前可以归纳为交易支付、数据存证、溯源以及智能合约等几个方面。这些应用又可以大致分为纯链上业务以及链上链下相结合的业务。数字货币是链上众多应用业务的代表，它的业务客体也就是数字货币，是完全在区块链上产生、流转和消亡的。而链上链下业务相结合的一个例子是溯源，在这种业务中，确保链下物理世界中的客体与链上标记客体的一致性是关键问题。

如果一个应用场景符合下面六个特征中的一个，就可以考虑在其中应用区块链技术：这个场景具有多方交互性；需要可信性；需要去中介化；具有原子性；需要隐私性；其生产关系需要进行本质性调整。符合这些特征的场景是非常多样化的，包括供应链管理、垃圾管理、文化娱乐、智能制造、社会公益、政府管理等。区块链的应用远不止于金融领域。关于区块链的应用，最先落地的应该是"纯链上业务"，也就是完全电子化和数据化的业务。比如电子金融、电子资源共享、电子游戏等。

工业时代和数字智能时代的产业重心发生了迁移，新型数字资产将成为最主要的社会资产形式，我们不能够以过去和现在的逻辑去分析未来。包括内容资产、知识资产和软件资产如何定价、如何交易等问题，需要使用一种全新的金融模式去解决。

战略规划者都是顶着反周期逆风前行的，有人嘲笑区块链是一个巨大的泡沫概念，并认为其中的理想主义金融模式不可能在利益相互冲突的社会中落地。事实可能也是如此，一种新的系统不可能一落地就完美运行，按照理想主义的区块链模型，脸谱的探索只是一个主流企业在区块链领域走出的第一步。近期脸谱发布的Libra货币体系则是一套简单的、无国界的货币，其白皮书中声称，这将是为数十亿人服务的金融基础设施。

  Libra货币建立在"Libra区块链"的基础上。因为它旨在面向全球人民提供服务，所以实现 Libra 区块链的软件是开源的，以便所有人都能在此基础上进行开发，且数十亿人都可以依靠它来满足自己的金融需求。按照扎克伯格的构思，Libra建立在自己的企业优势之上，但从技术层面来讲，并没有带来革命性的创造，他们从"理想区块链模型"中向后退了几步，更像是一个"伪区块链"模式，在技术架构和金融架构上，只是基于脸谱本身的27亿用户与国际上几十个顶级的金融机构合作，在更高的架构上引入一个快捷的支付通道。管理委员会的体制意味着技术架构者本身也只是委员会中的一员，而不是中心化决策者，在传统的银行机构之间，在不同的新支付需求的用户之间，Libra能够发挥自己的效能，这是一种多中心化的联盟链体系，或者这样讲，Libra背后的技术架构是多中心化的。

  任何金融汇兑工具能够在应用市场中胜出，均需要在成本运营和运作效能上有领先的竞争能力。Libra能够为数十家顶级的网络支付机构提供一种汇兑环境，事实上，已经对传统银行业务实施了一场竞争性的替代。传统银行的"奶酪"被动了之后，全球发币监管层如何采取对抗性政策是接下来观察的重点。

  脸谱具备巨大的流量优势，27亿用户是其基于区块链技术进行支付行为的前提。按照理想化的发展模型，设想开发者和组织机构将构建一个开放、可彼此协作的金融服务生态系统，帮助人们和公司持有及转移Libra以供日常使用。随着智能手机和无线数据的激增，越来越多的人们将通过这些新服务上网和使用Libra货币，这些服务将支撑以区块链为代表的数字货币体系真正走向世界市场的中心。

在面向一些新用户进行金融汇兑的时候，扎克伯格下决心要做美国政府收割全球财富的收割机。要做到政治正确，必须站队美国政府和美联储。于是，脸谱基于其巨量的用户群发行Libra，这得到了美联储的正面支持，事实上，在扎克伯格的背后，站着的是华尔街和美国政府，做多Libra，就是间接推高和帮扶美元。当一项技术系统可能影响数十万亿美元的流向的时候，历史和未来会告诉我们，这不仅仅是经济，更是一种顶级的政治行为。架空小国央行，把更多小国绑缚在美元战车之上，这是一种围猎战略。

当然，如果真的出现了一个适应时代的全新的支付体系和金融系统，那么区块链还可能有助于社会利益和个人利益的共同实现，这样一来，小国政府想用货币盘剥自己的国民就比较困难了。互联网催生了很多公共服务的软件和系统的出现，但是这些系统或软件通常都会或多或少地侵犯个人隐私。有时候，这些系统或软件在整体上虽然带来了社会进步，但却在特定场景中让应用它的个体遭受损失。如何在其中寻找平衡，是现代社会背景下人们迫切需要面对的问题。

谷歌曾经有一条著名的准则，叫作"不作恶"（Don't be evil），这是一个企业对社会和用户做出的主观且正确的承诺。可以设想一下，我们能否将区块链技术与大数据、物联网等技术结合起来，通过机制设计建立起一个人类生活服务网络？在这个网络中，人与人之间的诚信是由机制本身所要求和保证的，而不需要依赖于企业的自律。一个好的区块链系统可以在大规模的分布式系统中高效地建立共识。共识与日常生活密不可分，从金融活动到数据共享，人们都需要针对"谁拥有什么、谁做了什么"等问题达成共识，只有在这些共识的基础上，人们才能进一步交流和合作。而区块链就提供了一种建立共识的新方式，因此与日常生活息息相关。

除了共识，机制设计也是保证区块链环境安全、健康的重要因素之一。学术界已经从理论上设计出了很多优秀的博弈机制，但在实际应用中所使用的通常还是那些传统和简单的机制。这与公众的接受能力有关。我们很难在一个大型经济系统里面让公众都去理解、接受和信任一个复杂的机制。所以，在区块链的机制设计中，简单、可解释、好分析是非常重要的标准。为了达到这样的标准，我们甚至可以牺牲掉一些性能方面的优化。

那么如何衡量区块链公链对于实体经济的服务价值呢？我所参与的区块链公链技术服务"BAIC公链"，就是这样一个衔接了物联网设备数据与资产价值的桥梁，也是一个建立在物联网设备底层的公链服务体系。从公链的角度来讲，未来生态体系越完善，公链底层的价值就会越高。比如以太坊为大众所熟知，在于其上面发行了无数的区块链代币或通证项目，脸谱的Libra系统也是在很大程度上参考了以太坊的设计而成。再比如EOS公链的价值在于其上面有非常多的去中心化的多人博弈游戏等。那么回过头来讲，BAIC公链最大的价值是什么呢？我认为，就是在这个上面有越来越多的实体资产，有越来越多的物联网设备上链，2019年，我相信会是区块链应用和服务落地的一年，包括BAIC公链、脸谱的Libra在内，更多的区块链服务进入到应用、流通场景，最终进入到落地场景。如此，自然而然地，区块链这个共识的价值就会上涨。读者朋友们，让我们拭目以待，乐见区块链技术，真正开始颠覆和助力实体经济应用。

目录
Content

第一章 被误读的区块链 / 1

1. 区块链≠比特币 / 2
2. 区块链≠传销 / 6
3. 区块链≠ICO / 11
4. 区块链≠炒币 / 14
5. 去中心化≠没有中心 / 19
6. 区块链≠智能合约 / 23
7. 区块链≠人工智能 / 26
8. 区块链手机≠黑科技 / 30
9. 区块链≠万能解决方案 / 32

第二章 我眼中的区块链 / 35

1. 区块链本质：加密的数字凭证 / 36

2. 区块链最大的应用——Token / 39

3. Token：代表一切真实的资产和价值 / 42

4. Token：代表快捷无障碍流转交易 / 45

5. 区块链将重塑价值流转体系 / 48

6. 区块链：信息互联网向价值互联网转变的钥匙 / 51

7. 区块链：促成弱人工智能向强人工智能转换 / 53

8. 最终之路：大数据、AI、物联网、云计算和区块链组合 / 56

9. 区块链推动经济世界革命 / 59

第三章　区块链背后的经济学原理 / 63

1. 区块链与《物权法》：物权凭证确认 / 64

2. 区块链与流通经济学：资产可流通 / 68

3. 区块链与《资本论》：中心化资本优势由强变弱 / 71

4. 区块链与《货币非国家化》：国家货币的未来 / 74

5. 区块链与宏观经济学：生产力关系重构 / 77

6. 区块链与财富再分配理论：财富和价值将再次分配 / 80

第四章　区块链下的消费经济 / 83

1. 中国进入新消费时代 / 84

2. 消费经济下的消费观念 / 87

3. 个人数据价值链 / 90

4. 区块链与数据投资权 / 93

5. 股东利益和消费者利益 / 96

6. 不做接盘侠的90后 / 99

第五章　区块链下的营销革命 / 103

1. 从痛点营销到价值营销 / 104

2. 区块链与去中介化营销 / 108

3. 区块链与个人隐私保护 / 112

4. 打通数据交换通路 / 115

5. 革直销模式的命 / 118

6. 消费即投资，参与即投资 / 121

第六章　区块链下的行业应用 / 125

1. 区块链与"世界货币"Libra / 126

2. 区块链与新零售 / 133

3. 区块链与物流 / 136

4. 区块链与医疗 / 139

5. 区块链与教育 / 142

6. 区块链与文化 / 145

7. 区块链与能源 / 148

8. 区块链与政府管理 / 151

第一章

被误读的区块链

1. 区块链≠比特币

2008年，神秘的"中本聪"通过一篇论文，把比特币带到了人们面前。

很快，人们就像谈论黄金、房产、股票等传统投资产品一样，谈论起比特币。有人开始挖矿，有人开始炒币；有人一夜暴富，也有人亏得一蹋糊涂。其中有不少人，很早就参与其中，然而直到离场，也不敢说真正了解比特币。

进入2018年，人们又在谈论一个似乎全新的概念——区块链。什么是区块链？"区块链就是比特币！"有人这样回答你。

显然，这是一个错误的答案。

区块链≠比特币。

简单来说，区块链是比特币的底层技术。尽管很多人是通过后者才了解到前者，说比特币成就了区块链也可以，但比特币只是区块链的孩子。既然它能"生"下比特币，自然也能"生"下其他币，比如以太币，比如柚子币、小蚁币，等等。而且区块链远远不止于"币"，还可以和工业生产制造，人民群众的日常生活、衣食住行等亲密结合。在我看来，它是一项可以和人类在20世纪80年代发明的计算机相媲美的技术，它标志着从今天开始，我们进入了全新的数字文明时代。

那么，区块链又是怎样的一种底层技术？

比较官方的解释是：区块链指一种集合了分布式数据存储、点对点传输、共识机制、加密算法等计算机技术的新型应用模式。这显然不能令人满意，用普通小白也能理解的话说，区块链的本质其实是一个分布式的账本，或者说它是一种全民参与记账的方式。人类生活离不开记账。你自己或许不记，但有人会帮你记。每个月工作多少天，每天工作多少小时，有无迟到或早退、旷工；银行有多少存款，存入了多少，取出了多少，是在柜台取的还是在ATM机取的，抑或是通过网银、支付宝、微信等转账……目前来说，银行、支付宝和微信，它们是分别在各自的系统内来记账。怎么理解这一点呢？很简单，如果你的支付宝账户出了问题，你肯定不能给腾讯打电话，是不是？反过来也如此，如果你想玩《王者荣耀》，你也不能往阿里的账户里充值。最重要的一点，你有没有想过：如果有一天——这里纯粹是为了说明问题而假设——你的余额宝里原有的100万元人民币，突然"蒸发"了，并且对方提供给你的记录显示，你的余额宝里根本就没有过这100万元人民币，你怎么办？

　　你当然可以通过报警来解决，通过第三方权威机构——司法部门的介入来防止腾讯和阿里作恶，篡改掉本来应该属于你的财富。但是，有没有更简单、低成本的方式，来确保你的财富和信用呢？区块链就由此诞生了，区块链的好处则在于如果你使用的是采用区块链技术的金融平台，那么这种事情根本不会发生。在区块链系统中，每个人都有机会参与记账。请注意，这里说的是有机会。谁最终会获得这个机会呢？是系统上所有计算机当中运行最快的那一台。在单位时间内，当系统内有任何数据发生变化时，系统会评判记账最快最好的计算机，把它记录的内容写到账本中，然后把账本内容发送给系统内所有人进行备份。这样，系统中的每个人都拥有了一本完整的账本。这种方式就是区块链技术。

它的好处显而易见：在牺牲一点效率的情况下，获得了极大的安全性。因为是全员记账，所以谁也别想掌控这个账本，或者摧毁它、篡改它，等等。除非你能控制系统内大多数人的电脑并全部进行修改，但那样做莫说技术上能否实现，经济上也不划算。谁会去干赔本买卖呢？

有人会问：既然如此，那些区块链的参与者为什么要去记账呢？或者问得更源头一点：他们为什么要参与进去？有什么好处吗？当然有，那就是获得包括比特币在内的，各种区块链的数字币。

如前所述，当系统内有任何数据发生变化时，系统会评判出一台记账最快最好的计算机，把它记录的内容写到账本中，相应的计算机也会获得相应数量的代币奖励。以比特币为例，人们常说的挖矿，实际上就是记账的过程，比特币的运算采用了一种称为"工作量证明"的机制，系统为了找出谁有更强大的计算能力，每次会出一道数学题，只有最快解出这道题目的计算机才能进行记账，而抢到记账权的计算机会获得25个比特币的奖励。这是个什么概念呢？最高点时每一枚比特币的价格接近1万美元，难怪人们会趋之若鹜。

这样一来，区块链就有一个巨大的技术优势，它可以通过这种不可篡改的分布式账本，创造和诞生人类历史上第一个单纯依靠技术手段实现的，拥有天然信任的，不可复制的物品。目前我们所看到的自然界所有的物品都能被复制，甚至包括了生命体，比如克隆技术。因此这些物品都无法保证它的唯一性和真伪，也就需要第三方机构为物品提供信用，防止造假，比如说人民币就由中国政府提供信用，国家依靠公检法这样的国家机构，确保人民币有效，谁造假就惩罚谁。但这种信用同样消耗了巨大的

第一章 被误读的区块链

社会成本，比如中国有1200万公务员来维护政府运转，提供国家信用。而区块链中的账本所记录的，就是所谓的各种"币"，利用技术实现了不可复制不可修改的特点，因此天然带有信用，可以被用来代表各种资产和价值。不论我们在哪里，活着或者死去，区块链所代表的数字资产始终存在，比如说，如果你的资产在当年账房先生的账本里，万一地震水淹或被火烧了，就没了，但如果你的资产是比特币，在电子钱包里，它永远不会消失，还可以随时转给你的子子孙孙，也不用交遗产税。

在这里，我举个例子，自然界中，人类发现的第一个难复制的物品是什么？没错，是黄金，为什么？因为黄金是世界上最重的物质，你掂量一下就知道真假，所以古代劳动人民一见到黄金，就把它当成货币来使用，而且在全球范围内都通用。跟黄金相比，利用区块链技术所创造出来的比特币，就是世界上第一个无法复制的数字物品，代表了人类对技术的信任，和未来数字资产时代的期盼，因此比特币可以说是数字资产里的纸黄金，象征了数字文明时代的开启。如果有一天世界毁灭，国家不存在，只要技术依旧存在，比特币就还存在，即便我们移民到火星，也能依靠比特币交易和生存。

2. 区块链≠传销

曾有一则新闻报道：北京怀柔有一位年近60岁的老人，因为陷入区块链传销，已经透支了儿子的4张信用卡，用于购买数字货币。老人明显是上了当，但坚决不服，表示自己曾请风水师给自己看过，"接下来肯定会飞黄腾达，看来看去，不就是这个币嘛"。他还坚信到2020年，自己的一枚币就是一套别墅……

作为真正的区块链从业者，我最不想看到的就是这类新闻。同时我也知道，伴随着比特币与区块链的火爆，现在已有不少打着区块链幌子的传销组织，遍布全国各地，把手伸向了一些对区块链一无所知但对一夜暴富很感兴趣的人。

不得不说，区块链≠传销。

区块链是一种新技术，传销是一种旧手段。

区块链自问世以来始终在发展，但屡禁不止的传销在本质上并无变化。

国家严禁、严打各类传销，也暂停了比特币及其他代币与人民币的交易，但从未禁止区块链技术的普及和应用。熟悉中国资本市场的人都知道，A股有专门的区块链板块与相关上市公司，如果区块链是传销，国家怎么可能会让它们堂而皇之地骗钱？目前，全国范围内共成立了9个国家级区块链产业基地，第一个高级别区块链研究院——海南省区块链研究院正式开始筹备。

我们知道，中国式传销的基本特征，简单来说无非"虚假"二字。虚假的公司，虚构的产品，什么都是空的，除了让你交钱或拉人头。从这点来讲，区块链倒是很容易被骗子盯上。以比特币为例，它是一种虚拟币，不存在于任何地方，包括你的电脑硬盘或其他任何存储设备里。你持有的比特币，只是拥有比特币的地址。这个地址只是充当了一个银行账户，没有任何一个实物或者某个数据文件叫作比特币。比特币的所有交易都存放在巨大的账本文件中，这个账本就是区块链。你的"银行账户"（比特币地址）的余额，并不是直接存放在地址里，而是计算出来的。你的比特币，说白了就是一串代码。这一点很容易被骗子利用。以往的传销组织者，至少还依托一些实物，譬如某某寻常床垫，贴个新标签，便成了延年益寿的神品，标价88888元；现在，骗子连这都省了，直接告诉你："比特币没有真正的实物币，都是虚拟币！"

但比特币有价值，而传销币没有。

首先，我们刚刚提到了，比特币作为区块链在世界上第一次应用实践，代表了区块链的技术信仰价值，虽然说比特币没有实际的应用价值，但它的诞生好比人类第一次发现黄金，虽然说现在黄金的实际应用场景和价值越来越小，但黄金作为人类对价值的信仰，始终作为抗风险的资产存在，被各国政府、中央银行以及富豪进行储备。比特币也是如此，只要区块链一直存在，越来越深入人们的生活，像电脑和互联网那样逐渐渗透到越来越多的场景和行业中，比特币的价值就长期存在，而且会像黄金这样，越来越值钱。但各种空气币、传销币并非如此，它们既不像股票这样，代表了实际的公司的商业价值，也没办法应用在实际的生活场景中，并没有给人类创造实际的价值，它们存在的唯一的目的就是交易和炒作，这种传销币的风险和危害极大，也因此给区块链的名声带来了很大的污点。

再者，大多数传销币均宣称自己的造币模式与比特币一致，区别在于比特币开放源代码，而且总量有限（约2100万个），每个比特币的产生都是透明的，都有"账"可查，不受任何操纵。而且挖矿的过程非常耗电，有些小国的电力居然有很大部分被消耗在了这上面，挖出一个比特币代价非常高昂，其高币值正是建立在其高成本上。而传销币一来不开放源代码，产生虚拟货币的速度、数量都由传销币平台操纵，二来只要他们愿意，可以无限增发，不费事也不费电。这样的币不存在稀缺性，不存在稀缺性就没有投资价值，最后只能沦为一场没有价值的击鼓传花寻接盘侠的骗局。

打个不太恰当的比方：传销币类似于腾讯的Q币，腾讯公司想发多少就发多少，你买的时候花了多少钱根本不重要，重要的是你想出手时根本没有人回收。当然，腾讯的Q币至少还能给你带来些许快乐，而传销币带给你的只能是痛苦——漫长的痛苦。

此外，二者的收益模式也不相同。传销币一般分静态收益和动态收益两种。静态收益指挖矿、挖币或造币本身产生的生产收益。如果你参与的是比特币，只能通过挖矿获取静态收益，动态收益完全不存在，存在即是骗子。动态收益则是指为吸引更多人参与击鼓传花的骗局，类似平台会采用传销手法，千方百计让人拉人头，并且很少鼓励参与者以静态收益为目标。因为这样的平台通常运行几个月就会关网跑路，他们想在最短的时间内骗到最多的人。

比特币尚且如此，区块链就更加不同于传销了。前面说过，传销币不开放源代码，是为了方便骗子进行各种操控，其实还有一个原因，那就是他们的源代码见不得光，根本就是抄袭别人的开源代码。这也难怪，若能真正掌握相关技术，骗子何苦还去行骗？

那么如何鉴别传销币和空气币呢，我这里帮助大家总结几条经验和建议，帮助大家擦亮眼睛，远离空气币，多多拥抱和接触真正的区块链应用。

（1）传销币特征之一：大佬站台

传销币的一大特征就是过度宣传，我们都知道，酒香不怕巷子深，产品和服务的实际价值，是决定一个商业模式成功的关键，真正好的公司不用刻意四处招摇地宣传，也不需要到处参加所谓的区块链会议。但传销币不一样，为了吸引更多的"韭菜"入局，传销币刻意地包装品牌，宣扬所谓的团队实力，甚至将很多社会名人、行业专家、知名人士都包装成团队一员，看起来团队履历非凡。越是这样的项目，大家越要谨慎，包装得十分靓丽的项目，越是知名大佬站台，越有可能是传销币的骗局。

（2）传销币特征之二：包涨不跌

世界上没有只赚不赔的生意，也没有只涨不跌的投资。如果一个项目承诺一定增长的价格，承诺不合理赚钱的预期，承诺短时间就翻倍的收益，这样的项目几乎可以肯定是传销币，就是等韭菜入局以后，一落千丈，骗取消费者和散户的投资后跑路。天下没有免费的午餐，广大投资人还是要擦亮眼睛，理性看待投资。

(3) 传销币特征之三：代表空气

空气币另外一个核心特征就是没有团队，没有办公地点，没有产品，没有商业模式。我们知道，区块链本质是一种技术，可以创造代表了价值的数字资产，但如果这种数字资产本身并没有价值，也没有创造价值，这种币，空有炒作价值，迟早会归零。所以在选择区块链项目的时候，一定要看它的商业模式和产品，如何将区块链技术和应用结合，是否创造了真实的商业价值，如果没有，很大可能性就是空气项目。

(4) 传销币特征之四：社群信仰

传销币项目还有一个特征，就是所谓的社群推广和社群价值，因为大多数区块链项目在早期并没有实际的产品，那么形成的用户群，也没办法有的放矢。往往空有社区，没有实际场景，基于社区的讨论，往往都在输出所谓的"币"信仰，然后靠社区用户拉抬币价，如果一旦发现项目社群有这样的特质，很有可能性是空气项目。

3. 区块链≠ICO

至迟在2016年，ICO的概念开始大热。如今，它是完全地热过头了。

所谓ICO，简单来说就是代币首次发行募资。它与"IPO"长得很像，仅一字之差，也源于IPO。

众所周知，IPO(Initial Public Offerings)是指企业首次向公众招股，为的是募集资金，更好地发展。ICO（Initial Coin Offerings）则指区块链平台为更好地完成项目研发，通过售卖部分平台代币，为项目募集资金。购买代币的人与购买股票的人一样，目的都是为了有朝一日可以将代币换成钱。不同之处在于，早期购买代币的人以爱好者和发烧友为主，更像为了爱好而参与的众筹，而非专业投资者，也不像股民那么普遍。但随着ICO的蓬勃发展，爱好者与发烧友募捐众筹的初衷，渐渐被赚钱效应和投资目的所取代。同时，ICO往往以比特币或比特币的竞争币的形式募资，而非直接融资。

最重要的是，ICO不受监管，而"不受监管"的另一种说法是不被政府认可，没有法律约束，也就是说除了项目平台本身的规则之外，投资者几乎不受任何保护。有人说这就好比大产权房与小产权房的区别，这是无限拔高了ICO，你如果投资了小产权房最起码还有一套房子，还可以用来自住与出租，或者降价出售；但你若投资了一些传销币，根本一文不值，一无用处。

我们不能否认，ICO确实有助于区块链项目的成功，以及整个区块链行业的深入发展。但ICO的性质处于募捐和投资之间，这导致它在目前还只是一杯泡沫多过液体的啤酒，大多数受潜在利益驱动的ICO参与者，最终可能连泡沫都捞不到。因为为了避免不必要的法律问题，大部分ICO都会采用"募捐"一类字眼，并发表免责声明。换言之，他们从一开始就是在募捐，你如果把它当成投资，完全是自己的理解能力有问题。这还是在国外，中国的真实情况更差些。在国外，一些区块链项目ICO后获得的资金还有专业基金会参与管理，我们有吗？

2013年6月，史上首个ICO项目发布，它就是万事达币（MSC）。通过众筹，该项目在很短时间内募集了5000多个比特币，募集的价格是1枚比特币换100枚万事达币。不久，第二个加密货币ICO项目——未来币（NXT），也宣告问世，它的初期战果并不理想，只募集了21个比特币。但由于它是基于全新编写的加密货币代码，而不是万事达币那样的基于比特币初始代码的分支，该项目潜力巨大，全盛时期其市值超过了1亿美元。

未来币的成功，导致很多人眼红，大量ICO项目蜂拥而来。很不幸，除了以太坊等少数成功者，大部分ICO都因过度炒作或诈骗，宣告失败。以太坊为什么能成功，并且成功到今天几乎与比特币并驾齐驱的程度？因为它有所创新，若说比特币是区块链1.0，那么以太坊就是区块链2.0的代表，其最大的不同在于它允许人们在以太坊区块链的基础上做其他应用开发。以太坊还有一个堪称伟大的计划，它希望把以太坊区块链建成一个全球化计算机，建立起一个全球性的大规模协作网络，所有人都在以太坊区块链上做计算、运用，由于它太伟大，所以该计划到目前只能说还在进行中。另外，区块链技术中一个很重要的应用——智能合约，也肇始于以太坊。以后我们会具体介绍。

以太坊的一支独秀，难掩区块链行业骗局不断的窘境。以太坊的梦想能否实现姑且不论，很多ICO项目不是没有初心，而是从一开始就居心不良。就像很多股民说的，我们的股市还不健全，导致很多企业为上市而上市，为圈钱而上市。而区块链，现阶段在发展初期，各方面也不健全，这就给居心不良者提供了广阔的行骗土壤。好的区块链创业者，为的是发展技术，用代码重写未来世界，发币是为了运作平台，爱好者与投资者也大多是行业中人，是出于认同和敬佩从而进行的赠予式投资。坏的区块链项目，则完全是假的区块链项目，无非是想方设法从别处抄一段源代码，趁着世人还不完全理解区块链的底层技术与运行机制，却又简单地想分一杯羹，大敛昧心之财。用网友们的话说，就是"一群小学没毕业而且数学还是体育老师教的人都出来ICO"，怎一个乱字了得！

区块链一定要ICO吗？

答案是不一定。

这就好比一家企业，它可以不上市，但未必影响它的价值，未必影响它的发展。

反过来说也成立，既然有ICO的机会，为什么不呢？ICO不仅可以募资，也可以募人。ICO参与者可以提供人气，帮忙宣传，让更多人认识并加入新项目，何乐而不为？

重要的是创始团队的初衷和不忘初心。

4. 区块链≠炒币

区块链不等于ICO，更不等于炒币。

但大家似乎都在炒。

炒，是中国人普遍的投资心态。

不炒币，大家也要炒房、炒股、炒期货，反正就是不能理性投资。

理性投资太慢，而我们只争朝夕。

理性回报太少，而我们多多益善。

所以，虽然我们知道妖股风险巨大，还是要追高，还是要火中取栗。

心急火燎，越炒越少。

"炒"其实是对一个投资者的侮辱。

无论你是想做区块链技术，还是想投资代币，都不要有炒的心态。

好东西不用炒。

如前所述，ICO本身无可厚非。有人炒币，那不是币的问题，也不是发币者的问题。就像一个杯子，人可以拿它喝水，也可以用它施毒。杯子本身无罪，它不能为人们如何使用它负责。

前不久，证监会相关人士发表言论表示，由于ICO代币具有证券特点，证监会未来将予以重点关注。据此推测，最终纳入监管也是大势所趋。时下证监会正在向部分区块链企业就ICO征询意见，尚处于收集意见和讨论阶段。

这是好事。事实证明，一味打压通常并不能解决实际问题。譬如网贷，尽管存在这样那样的问题，负面报道不绝于耳，但政府不能，也没有一禁了事，那样只会逼着它走向地下，还不如积极引导。

区块链也如此。国内区块链的乱象，让很多人觉得区块链的用途就是炒币，相关概念讲来讲去为的都是圈钱，都是套路，不然很多区块链的大会为什么不在中国大陆地区开，却在韩国、澳门地区开，甚至到公海的邮轮上开？没错，这不是投资，只有赌徒才喜欢去公海。绝对的自由会让自由本身无法立足。投资的前提是安全，安全来自于监管。这是基本常识。

反过来看，如果区块链完全是一个忽悠人的东西，国家和行业不会这么重视。我们需要做的，是更加深入地学习、研究、发展，让区块链从本质上促进社会生产力的提升，赋能实体经济。实际上，广大区块链企业与技术人员，目前正在做的，正是这一点。

前面讲过区块链1.0与区块链2.0，现在是3.0时代。区块链3.0目前尚无大的技术革新和应用，而它要解决的本质问题，就是通过一系列的技术融合，实现大规模商业应用。我们知道，区块链是基于互联网的下一代技术体系，标志着技术信用时代的到来，将社会向数字资产文明社会推进。互联网以2000年为发展分界点，此前属于互联网底层技术时代，那时会上网都是一件很牛的事。现在如日中天的阿里在当时刚创建一年。2000年以后才是互联网的产品应用时代，以阿里为例，它在2003年推出了淘宝网，并实现了大规模商业应用。

区块链也是这样，仅从2008年算起，它也已经走过了整整十年。诸如工作量证明、哈希算法、椭圆算法和数字签名等相关技术，早已为人们所熟知，也早已为比特币、以太坊等世界级公链所验证。但一直以来，区块链技术似乎除了能发币,还是能发币。既然它只能发币,也难怪人们只能去炒币。发币是对区块链从业者的奖励,但在更多前景无法落地的情况下,除了炒币,投资者用什么来慰藉自己?一些人开始险中求富,一些人开始批量ICO,政府不得不出手,制止这场癫狂。人们这才意识到,区块链不能只是"炒币"的代名词,通过区块链技术为人类创造更美好的生活,实现价值传递更为重要。

在2017年9月,摩根大通发布了全球首个以区块链为基础的交易系统,用于衍生品清算和结算业务以及跨境支付,这带动了一系列区块链技术落地应用与更加广泛地孵化。行业内普遍预测,2018年将出现高性能的区块链操作系统,足以承载千万级的产品应用,甚至承载人类全方位的价值流通。

这里必须提及两个人,股神巴菲特,以及摩根大通CEO杰米·戴蒙。

巴菲特曾不止一次唱衰比特币,直言买比特币不是投资而是赌博,只是希望有人付更多钱做接盘侠。怎么理解其言论呢?我认为这源于他的法币本位心理。所谓法币本位,就是说所有资产都与法币相挂钩,也最终都要回归或体现在法币上。以巴菲特为例,他是股神,长期乃至超长期持有很多支股票,但他更相信法币还是更相信股票呢?答案是前者。他最终会把股票卖掉,换回法币。或者是美元,或者是英镑、欧元、人民币等。不得不承认他的强大,但面对区块链与比特币,他确实老了,观念与心理都老旧。区块链是年轻人"玩"出来的,也是年轻人"玩"的,与巴菲特相反,他们是代币本位心理。因为他们了解区块链,事实上最初的玩家几乎都是计算机高手,普通人完全无法理解,也没法参与;基于此他们发自内心地相信比特币本身就极具价值,有价值就要持有,正因为这样,比特币价格才一路走高。当然我并不是劝大家去买比特币，今时今日，它确实已经门槛太高，不适合普通投资人参与了。而且有必要说一句：巴菲特质疑的仅仅是比特币，他从未质疑区块链技术本身。

杰米·戴蒙其人，也曾对比特币发出极为严厉的批评，甚至对整个加密货币行业发出指责，称其为"一场骗局"。然而前面说过，他的指责声刚刚落地，摩根大通与加密货币公司Zcash合作开发的区块链系统即告问世。如果把这形容为自扇耳光，我认为这起码是一个积极的耳光。

举个金融方面的例子，基于区块链所诞生的代币（Token）具备低成本、不可复制、快速交易、随意分割的特性，除了代表数字货币，还可以代表一切可以交易流通的资产、房产、艺术品、证券等传统的离线资产或物理资产。我们都知道，这些传统资产的交易限制很多，首先要确认资产是否属实存在，还要确认资产的交易买卖双方是否可信，买方担心资产作假，卖方担心对方没有钱，同时资产的交割也有巨大的成本，往往需要第三方权威机构介入提供信用保障。区块链的代币，可以将这些资产电子化、数字化，打消了因为不信任所形成的这些传统资产的流通和交易门槛，也会因此激发这些传统资产之间的自由流转，突破了传统交易场景的限制，形成未来巨大的流通价值。

比如说股票，以中国的A股为例，我们都知道A股的股票发行成本巨大，也只能在固定时间（工作日早上9:30至下午3:00）的固定场所（深沪两市的交易所）里交易，散户不可以私下转让。但如果今天我们用区块链技术下的代币来代表创业公司的股票，一方面解决了股票的防伪作假的信任问题，永久存在，且唯一性。更可以将这种数字股票随时随地进行交易，除此以外，还可以将数字股票应用在企业生产、消费、流通环节，让企业的客户、供应商、消费者共同加入企业的生态圈，通过与企业发生行为获得企业股票奖励，未来共享升值空间。这也将大幅增加股票的应用场景和价值，比如说你在某家餐厅消费，吃一顿饭，餐厅老板就可以将这顿饭的利润变成代表餐厅股票的代币，送还给你，你可以转卖掉，也可以留着在未来分享餐厅的利润。这样消费者从被剥削者，变成了餐厅投资者之一，进而刺激了消费者更积极地回到这家餐厅进行复购，通过不断的消费，增加对餐厅的投资。这也是我们所说的区块链通证（代币）经济中的消费投资论，或消费挖矿学说。

此外，我们知道，一个国家的货币流通速度代表了这个国家的经济繁荣程度，而一个社会的资产流通速度，代表了这个社会的资产运用效率，也决定了这个国家经济规模成长的高度。举个例子来说，20世纪90年代，中国房地产资产才开始私有化，并第一次允许个人之间进行交易。结果大家都看到了，今天房地产已经是中国名副其实的支柱产业。我们可以想象一下，如果未来的一切价值，房产、汽车、艺术品、服务业、股票，甚至包括我们的数据价值、时间价值，都可以通过区块链的代币来代表，通过代币来交易，不需要实物交割，那么我们社会的资产流通效率，将有质的飞跃和提升。可以想象，种种代表未来文明的经济模型将被创造出来，区块链正推动着我们实现未来的经济社会模型。

这些都远远比炒币，有意义得多。

5. 去中心化≠没有中心

去中心化，是相对这个中心化的世界而言。

地球围着太阳转，月亮围着地球转，这是自然而然的中心化；官僚围着国王转，员工围着老板转，这是社会使然的中心化；就连跳广场舞的大妈都有个中心，讲究组织纪律化。

与此同时，这个世界也呈现出去中心化的一面，比如迁徙中的鸟儿，洄游中的鱼儿，一些只靠基因和本能生存生活的昆虫等。但在人类社会，几乎所有的机制，都是中心化的。一定程度上，是中心化让个体力量并不太强大的人类从动物世界脱颖而出。

中心化的弊端同样明显，当人类不再迫切地需要依赖中心化的时候，中心化反而会让人觉得不舒服。不过，事情并不像那些不负责任的人所说：去中心化的区块链会"颠覆"这个世界。这个世界不需要颠覆，它需要不断优化改善。中心化与去中心化，是这个世界的两面，绝对的去中心化并不优于绝对的中心化，去中心化固然会带来好处，也必然带来相应的坏处。

理智地看，在某些方面我们必须去中心化，而且去得越彻底越好。另一些方面，我们反倒急切地需要一个中心。区块链作为一种技术，它并不能带来绝对的去中心化，它只是一个可以用来去中心化的工具，而不是一个创造无政府主义或者绝对自由和平的法宝。

各种代币也是这样。目前最为可笑的现象，就是一些人一边做着中心化的代币交易所生意，一边又对传统中心化发行的法定货币嗤之以鼻，将之描述为对劳动人民的剥削，上升到阶级矛盾，一副要通过区块链解放全球劳动人民的样子。最近有一种思潮，认为去中心化的货币才是真正的自由的货币，并鼓吹包括比特币在内的代币，会取代法币进行流通使用。事实上，代币就是代币，它只是一种数字资产的凭证，有价值，可以个人拥有和使用，但远远无法替代目前流通中的国家法币。如果谁认为自己开发一条公链就可以取得主权国家才拥有的铸币权，实在是幼稚。中心化的货币固然会以税收、通胀等方式让人们"受损"，但它背后还有国家机器和制度提供保障与相关服务，甚至与贵金属挂钩保障价值。这也是包括美元、人民币在内的国家法币，始终保持价值相对稳定，在外汇市场波动基本恒定的关键原因。而货币价值和价格稳定，也是其作为一般等价物，参与到商品交易中作为衡量价值的关键。如果一个货币价格都不稳定，又有什么人愿意用它来进行消费和结算呢？因此我认为，在相当长的一段时间内，数字货币依然是国家法币的数字化或区块链版本，例如国家发行的数字人民币，美联储发行的数字美元，或者美元的1：1映射代币（USDT/DUSD等等），它们依然由强有力的中心化机构，保证它们的价值稳定，参与到社会的交易和流通当中。

比如前不久，中国开通了原油期货，其最大亮点便是以人民币计价，可转换成黄金。全球第二大经济体的法定货币人民币，尚不能令所有投资者完全放心，币圈凭什么？又凭什么能做到代币的价格稳定？近期包括比特币在内的数字资产市场大波动，也证明了这点。再者，一个很明显的道理，如果人人可以发币，那么各种代币也就失去了稀缺性，从而失去了价值。最终，大家还是要回归有国家机器保障价值的中心化法币。

区块链是个好东西，但链圈有很多心术不正的人。可以说，大部分ICO都是挂羊头卖狗肉。但无论他们多么口舌如簧，都不能掩盖其对虚拟货币发行权背后套取暴利的觊觎之心。他们只想付出几乎没有任何成本的电子商品，靠概念和信息不对称来攫取法币实现损人利己。

我们险些犯了和他们同样的毛病，所以我们必须回到硬币的另一面：去中心化。

如前所述，过度中心化会让人不舒服，特别是在人们不需要中心化提供强力保障的时候。因为中心的意义在于控制，而且没有人可以保障这个中心本身不出问题。比如封建时代，中心就是国王，他如果很英明，那是百姓之福。但如果他很愚蠢，或者他很无能，人们都觉得他下的指令有问题，但因为他是国王，是国家的中心，必须去执行，怎么办？不必纠结于这个假设的问题，我们可以结合前面讲的案例缩小范围：如果摩根大通CEO杰米·戴蒙，不仅限于在表面上批评整个加密货币行业，而是发自内地认为它是一场骗局，并且他非常武断，不接受任何建议，那摩根大通岂不是要陷入重大战略失误中？

区块链技术就可以避免这种失误。去中心化不是不要中心，其实质是人人都是中心。在去中心化系统中，任何人都是一个节点，任何人也都可以成为一个中心。任何中心都不是永久的，而是阶段性的，任何中心对节点都不具有强制性。现在已经有越来越多的公司开始思考中心化带来的问题，去中心化或许就是答案。再说简单点，无非是共享权利而已。

而在未来，进一步去中心化的世界更加值得期待。按照一些链客的想象，届时科技将进一步发达，尤其是伴随着机器人的广泛应用，每个人都可以依靠自己的机器人养活自己，每个人都可以通过强大的去中心化系统保持与这个世界的对接与交互，同时没有任何人或组织可以把他们的意志强加给我们。而这一过程，显然离不开高度的中心化与组织化。

6. 区块链≠智能合约

智能合约是又一个高度热搜，同时也让人们高度困惑的概念。有不少人甚至把它等同于区块链，其实智能合约的问世远远早于区块链技术，可以一直追溯至1995年，也就是互联网刚刚兴起的年代。

合约的概念则可以追溯至更加久远，现行法律的本质便是一种合约。举例说明，你好心借了一笔钱给某人，还款日期临近，此人却不打算还了，这时理性的办法就是跟他打官司，但你必须有相应的合约，不然你没法证明你曾经借过钱给他，他完全可以抵赖到底。智能合约的本质，则是用一串计算机可读取的代码代替法官，当某个预先编好的条件被触发时，智能合约会自动执行相应的合同条款，无法反悔，绝不拖延。

表面上看，智能合约的实践一直落后于理论建设，其实它在现实生活中已有普遍应用。最好的例子就是售货机，只要我们放相应金额的钞票或硬币进去，系统就会触发让我们选择商品的选项，选择完以后，售货机中的可乐或其他饮料就会掉下来。另一个例子是股票交易所，只要设定好触发机制，价格涨跌到某个价位就会自动成交。但是，它们显然还只是智能合约应用的初级阶段，或称之为自动化合约更为贴切，因为它离智能还有很大的差距，无论是参与的人，还是参与的物。

众所周知，未来世界将是物联网世界，即万物互联的世界，包括车辆、建筑、设备甚至整个城市，以及所有可以嵌入软件和传感器以便与互联网相联接的设施，但这需要一个保障要件，那就是数字代币，一种可供所有人与物、物与物交易的数字代币。没有这种代币，智能合约也将不可行。这种全球性的代币是否会出现我们暂且不去讨论，我们可以假设它如果存在的话，那么不仅真正意义上的智能合约会有其立足之地，而且会催生出一个概念，也就是智能资产。届时，任何联网的物理实体都能够从互联网中检索信息和向互联网发送信息，同时可以通过软件控制自身的使用，这将大大加快人们的工作效率，节约时间和交易成本，最重要的是，它相当于架起了赛博空间（虚拟空间）和物理空间（实体空间）之间的桥梁，整个世界将以全新的方式展现在你我面前，我们必须用区块链思维审视它，或者说，届时所有人都会成为区块链上的一个节点。

还是举两个例子吧：

比如买车。现实生活中，人们会先到网上搜索心仪的爱车，再找到一家经销商，跟它砍价，好不容易砍下来，或者没有砍下来，但你确实想拥有它，你就会付款给经销商。如果你需要按揭，还要去银行签一堆文件，签完再回到经销商那里，经销商确认之后，同样会让你再签一堆文件以获得这辆车的所有权，并最终获得这辆车。这个过程顺利的话，也会花好几天时间。可如果有这么一条公链，其智能合约上有一辆车或很多辆车的所有权、价格和一切相关细节，无论是你在网上看到它还是在现场，只要你觉得它确实不错，也负担得起，你就可以使用相应数额的加密货币，买下这辆车的所有权，通常来说就是它在区块链总账上的电子身份，整个区块链系统的每个电脑与每个节点都会迅速更新总账，然后每个人都会知道，在这个网络中这辆车刚刚被卖给了你。整个交易过程简单迅速，而且没有人能够篡改这辆车属于你这个无比重要的信息。

再比如买房。现在的流程是，先到房产公司去洽谈，交完押金，付完全款，过户后才能拿到房产证。如果我们注重法律，或者为了防范万一，最好花钱请个律师，共同见证这笔交易，以确保这套房没有留置权、再抵押、房产证真实有效等。如果还需要按揭，就要去银行办抵押贷款，整个过程时间非常长，而且有可能发生一些我们不愿意做但又必须做的古怪事情。但如果这个房子的信息都被上传到公链的智能合约中，包括产权确认、是否有留置权、剩余多少抵押价值等都完全透明，那么我们完全可以足不出户便高效快捷地拥有它。假设这个房子的价值是100万元，只要我们发送相应价值的加密货币至合约地址，这个智能合约马上就会执行。我们也不需要找律师或者公证处，因为相关信息可以直接在区块链上获取，谁也别想作假。办银行贷款也是如此，只要我们征信良好，并触发相应的智能合约，马上就可以买下这栋房子。

我们当然还可以购买任何我们想要购买的东西，只要它们在公链上，只要它们绑定了智能合约，而我们能够满足相应的触发条件，无论我们买的是1/3个披萨，还是整座摩天大楼。但是回到区块链与智能合约的关键话题本身，我们还是要说：区块链不等于智能合约，后者只是前者的核心底层应用之一。

7. 区块链 ≠ 人工智能

早在区块链火爆之前，人工智能已火爆很久，未来它必然还会不断火爆下去。区块链不等于人工智能，某种程度上说，区块链的技术重要性甚至不能与人工智能相提并论。

但我们为什么要人为割裂它们，并且评价谁更重要些？这完全没有意义。有意义的是把相关技术结合起来，整合起来，给这个世界创造更多的惊喜。

人工智能（Artificial Intelligence）简称为AI，它是计算机科学的分支，其目的在于探索智能的实质，并生产出能以与人类智能类似的方式做出反应的智能机器。人工智能不是趋势与未来，而是早已走入了我们的生活。我们举一个例子，很多人不明白为什么科学家研发的机器人都跟人类长得很像，这绝非因为它们带着个"人"字，而是因为人类是与整个人类创造的世界是共同存在的，比如建筑、道路、桥梁，这个客观世界要求机器人要尽量做得跟人类相像，才能更好地适应并执行相应的任务，比如上台阶。

早在2014年，全球人工智能领域的投资额已达10亿美元，同比增长近50%。2015年则是人工智能领域投资的爆发年，其数额达到了此前17年的投资总额。接下来，伴随着人工智能领域投资的不断递增，相应技术也水涨船高。至2020年，预计全球人工智能市场规模将超千亿美元。在未来10年甚至更久的时间里，人工智能将是众多智能产业技术和应用发展的突破点。到2030年，人工智能预计可以为世界经济提供多达15.7万亿美元的贡献。

不过，人工智能其实原本可以发展得更快些。现在的结果，是发展受阻的结果。这主要是由于当前整个人工智能行业的发展模式造成的。虽然AI已经开始在各个领域接替人类，但离科幻电影里的强大AI似乎还很远。那么AI发展最大的瓶颈是什么？其实不是人工智能的技术和算法，而是人工智能所依赖和仰仗的数据。数据的不互通成为了阻碍人工智能发展的最大瓶颈。据统计2020年全球将有260亿台物联网设备，这些设备，无时无刻在追踪记录着人类数据，这些数据对AI来说才是最有价值的东西。打个比方，目前市场上很多款带摄像头的智能冰箱产品，这些产品可以通过图像识别，感知冰箱里逐渐缺少的鸡蛋。AI掌握了这些数据，就可以在消费者授权的情况下，由AI直接判断是否需要补充购买，如果条件符合，那么还可以直接向生鲜类的电商下单，通过支付物联网设备支持的数字货币进行自动结算，这就是一个典型的AI通过获取数据，为人类提供有价值的服务的案例。

说简单点，目前人工智能产业有些像小农经济，各企业各自为战，生产自己需要的数据，研发自己需要的功能，相关基础功能和数据必须从头做起，因为无法买，也没人卖。如果把这比作造车，就是说各企业必须从头发明自己的轮子，然后走别人走过的路，卡在别人曾经卡住过的坎上……因为没有人愿意共享，加之人工智能领域的人才本来就少，分散各处，三三两两，令整个行业效率更加低下。

而区块链的去中心化模式恰好可以帮到人工智能。人工智能行业之所以各搞各的，主要是不愿意共享数据，而不愿意共享一是不想泄密，二是不想无偿共享。很多人听到这，可能会开始担心自己的数据安全了。我想说的是，互联网存在一天，你的数据就不可能是百分百安全的。但通过区块链的确权，将数据加密，并通过区块链存储密钥。这样数据与代码就不会泄露，而且区块链本身可以大大增加人工智能技术与系统的安全性。此外，如果不想无偿共享数据，那就搞有偿共享，这本质上是计价问题，研发单位可以把功能模块计价，再通过代币体系计价和交易，可使原来互不协作的、封闭的、孤军奋战的、非共享化、非市场化的人工智能行业，亲密共享，多方合作，从而大大加快人工智能领域的发展步伐。还可以选择开放哪些数据，出售哪些数据，决定权至少在我们自己手里。

反过来说，区块链行业也需要人工智能行业的注入与带动。我们说，区块链不等于人工智能，事实上是说区块链技术自诞生至今，都没有人工智能的能力。以区块链1.0的代表比特币为例，它创新性地创造了一个分布式的金融体系，但脚本语言简单，只能做简单的转账与支付；以太坊有了相应优化，有了智能合约等应用，但因为它在链上运行，运算能力、存储能力和网络能力都比较弱，无法运行人工智能的语义理解、机器学习和多层神经网络等能力。换言之，目前类似的智能合约中的"智能"并不是真正的智能，而如果能把人工智能技术引入其中，智能合约及区块链系统便可实现真正的"智能"。这不是简单的想法，而是一些科技公司通过刻苦攻关已经成就的事实。未来，肯定更加可期。

从更远的未来来说，AI迟早会替代人类生产各种产品提供服务，那么这时候AI和人类的关系到底是怎样的？AI又如何和人类共存呢？AI存在的意义是服务人类，而人活着就在产生数据，然后卖给AI，赚的数字货币又可以购买AI的服务，最终实现人类和AI共存、共生、共享的文明。区块链正推动着我们实现这个目标，当我们拥有了区块链加持的物联网，可以想象，我们所有的硬件设备，都是我们用来获得数据，用来赚钱的生产力，这是真正的数字文明时代，也是共产主义的最高理想。

8. 区块链手机≠黑科技

如果说炒币是一种投机,那么做矿机生意则是对投机的投机。

比特币等数字货币价格一路飞涨,催生出一些专门做矿机生意的企业。全世界有90%的矿机,据说都是从中国深圳的华强北电子一条街发出去的。2017年年底,比特币达到19442.1美元/枚的历史最高峰时,专门用于比特币挖矿的白卡B矿机,市场价也被炒到了13万元人民币/台。

2018年年初,比特币开始下跌,矿机生意也随之回调,彼时,打着"黑科技"旗号的区块链手机又纷纷登场,其广告语足够诱惑:"你睡觉的时候,它在帮你产生收益!"事实上,这不过是资本追捧的产物,依然是对投机的投机。

首先我们来看看"黑科技"的定义。黑科技原指非人类研发,凌驾于人类现有科技之上的知识,引申为普通人难以理解的新硬件、新软件、新技术、新工艺、新材料等。然而区块链技术本身并不算黑科技,它并不是一项特别突破性的技术。从2008年算起它发展了整整10年,然而10年间除了挖币、炒币,人们对它的了解和应用都很有限。

另外我们发现,目前推出区块链手机的厂家,都是些在市场上不占优势的品牌。一线智能手机制造商尚未涉足其中,已涉足者提供的现有产品与区块链关联也并不大,更多是停留在概念和宣传上。说直白点,炒作。

以糖果手机推出的一款手机看,其定位为"手机+区块链钱包+矿机"

结合体。这款手机无需任何额外操作,即可定期获得"糖果积分"。该积分可用于兑换糖果实体店和应用市场中指定的商品和服务,售价3999元。值得一提的是,"糖果"一词正是区块链相关概念之一,即糖果币,也就是区块链平台为了吸引参与者免费发放的代币,如同给参与者发糖,为的就是个人气。类似代币价值自然有限,而且除了用于购买与糖果手机相关的服务,不可以流通和交易。如果我们还记得前面的章节,这不过是ICO的变式罢了。

长虹推出的"区块链手机"则具备挖矿功能,售价2999元,只需打开手机内相关APP,点击一下,只要确保网络畅通,即可挖矿获得代币。有一位顾客为了挖矿,一出手就是10台手机。另一些顾客体验后宣称,确实能每天挖到数百甚至上千个代币,但不过是又一款糖果币。

曾经的手机巨头联想也推出了自己的区块链手机,主打安全,这就更加容易分辨真伪了。立足于区块链技术的安全与立足于传统技术的安全是两回事,只要能够保障用户的资金与信息安全,没必要加上区块链。

总之,上述厂商推出的所谓区块链概念手机,都是醉翁之意不在酒,而是在乎销售。与此同时,有不少媒体去采访诸如华为等一线手机厂商对区块链的态度,答复是暂时没有相关计划,因为目前阶段,区块链手机离普通大众还太过遥远,移动端的区块链技术尚有一系列瓶颈需要突破。对相关厂商来说,做好自己的产品才是王道;对区块链企业来说,当然也应专注技术本身。

9. 区块链≠万能解决方案

现在有种说法，认为区块链技术将主导人类史上第四次工业革命。不出意外的话，这话多半源自币圈，出自不懂装懂或别有用心者之口。

区块链当然很重要，但它只是非常重要的高新技术之一。目前来说，第四次工业革命已经肯定少不了区块链，但它同样少不了机器人、自动化、人工智能、物联网、大数据、云计算等新技术，凭什么说区块链就是主导？事实上，早在区块链问世之前，人们就已经开始讨论第四次工业革命了。有兴趣的人可以去查查当时人们对它的畅想，与现在相比也没什么区别。仅从这一点看，区块链也并不像某些人宣传的那样，前所未有，强大无匹。

然而伴随着ICO的火爆和伪区块链层出不穷，市场上充斥着"区块链万能论"。其实这种论点本身就是挂羊头卖狗肉，如果你追问他们区块链为什么会万能，他们就会告诉你：5年之内，比特币或以太坊就会完全取代银行，金融系统就会发生根本性颠覆，从而影响这个世界上每一个人。但这能叫万能吗？这只是一能。让他们继续说点别的方面的应用，他们根本说不上来，因为他们对区块链的了解仅限于此，多数还是道听途说而来。尽管如此，却丝毫不妨碍他们攒鸡毛凑掸子蹭热点去ICO。

即使是他们宣称的"一能"，事实上在短期内，甚至永远也无法实现，区块链不可能取代银行，未来只有可能出现采用区块链技术的银行。

但由于它还在路上，普通人不肯远观，所以有些不理解的人又提出了"区块链百无一用论"。他们认为区块链就连现有金融系统这一个平台也不能应用，最主要的原因就是速度。大部分公有链每秒处理交易数小于20次，而现代金融系统每秒处理的交易量非常大。以支付宝为例，其在2017年"光棍节"的高峰时段，每秒要处理25.6万笔交易！不过，这只能证明区块链技术暂时不如支付宝，而不能证明它百无一用。

现在最主要的问题是，区块链技术尚未成熟，但区块链概念已经烂破街。技术不成熟可以攻关，可以耐心地把它培养成熟，可现在圈内没有几个人能静下心来，真正做技术。不懂技术的人靠着噱头炒作，懂技术的人则借技术之名炒作。加之区块链有相对很高的技术门槛，有天然的神秘感，炒作者又善于赋予它更多神秘感，导致大多数人听不懂，只懂得它是个好东西，能让自己发大财，然后不小心被骗，以至于普通人谈及区块链便动魄惊心。

区块链不等于万能解决方案，不管它在未来怎么发展，但就在眼前，已经有成千上万的应用场景在期待着区块链的相应解决方案问世。某知名人士曾说，区块链技术虽然很热，但还没有看到什么非用不可的场景，这是思维固化的表现。区块链这种技术本身处在高速发展之中，它的应用场景将会随着它的技术发展水平逐渐扩展开来，唯一限制它的是人们的思维惯性。

还是那句话，世界上没有万能的技术，但有万万不能缺少的技术。对个人或某一家企业来说，不参与、不使用区块链，固然没什么问题。但对我们整个行业，整个民族工业来说，区块链能否让我们弯道超车先不去谈，至少它不容有失，不容错过。

第二章

我眼中的区块链

1. 区块链本质：加密的数字凭证

从一定程度上讲，普通人把区块链与比特币混为一谈也有一定的道理，因为区块链的本质无非就是加密的数字凭证。先前，中国人习惯于把Token翻译成代币，而现在，它有了一个更加贴切的中文名——通证。

如前所述，货币背后是货币权，发行货币的权力必须属于国家，所以Token翻译成代币有点一厢情愿，它代什么都可以，就是代表货币比较难，因为没有国家的授权和支持，所谓代币不过是自欺欺人。仅此而已也就算了，"代币"也更容易让人误解，以为在区块链上发币就是为了挑战货币主权，加之很多不知天高地厚的人确实在这么讲，结果险些把自己逼得没有退路。

"通证"的定义就比较温和，也更加准确：可流通的加密数字权益证明。更确切地说，"通证"是区块链网络上的一种记账方式，由密码学加持，在该网络上可以自由流通。其最核心的一点，则是在生态构建过程中起到激励作用。

我们先来看看通证是如何产生的。最初阶段，通证的获得只能通过挖矿，即需要工作量证明。后来便衍生出了忠诚度证明，我们看古装片，只有极少数人能够畅通无阻地接近大人物，为什么，因为他忠诚，至少大人物觉得他忠诚，这是无价的。具体说来，就是对一种通证的忠诚与信赖，也是有价值的，只要一个人持有通证，便可以获得相应的利息（币），时间越

第二章 我眼中的区块链

长,中间没有抛售,那么奖励的利息就越多。再后来是工作效果证明,区块链是需要推广的,社区是需要维护的,光出力不出效果也不行,比如发帖,就要根据转发量、点赞量、评论量等,来决定给作者多少Token作为奖励,给的越多作者干劲越大,激情越高,完全不给立即作鸟兽散。然后就是对提供相应资源的奖励了,比如提供带宽、存储空间,再比如为系统提供背书或站台,如担保、增信,以及直接提供最重要的资源——钱,当然也必须给予相应Token。

那么,如何通过Token赚钱呢?这可能是普通人最关注的问题,然而这实际上是理解的谬误。Token是什么?Token就是钱嘛,尽管我们这里不称其为代币。有人说也可以用钱生钱啊,没错,我们可以投资、交易,不过投资的第一要义是安全,第二要义还是安全。你怎么保证你的本金安全?毕竟现代社会有很多人在惦记着我们的本金。这就引出了加密技术,即加密算法,它是区块链应用和开发的关键,一旦加密方法遭到破解,区块链的数据安全将受到挑战,区块链的不可篡改性将不复存在。换句话说,你的Token可能变成别人的Token,一切都没了。

加密算法又可分为对称加密算法和非对称加密算法,区块链中主要应用后者,它能同时满足安全性需求和所有权验证需求。在加密和解密过程中,通常使用两个非对称的密码,分别称为公钥和私钥,它们具有两个特点:其一,用其中一个密钥加密信息后,只能用另一个对应的密钥才能解密;其二,公钥可向其他人公开,私钥则保密,其他人无法通过该公钥推算私钥。换句话说,这相当于把你的钱箱加了一把除你之外谁也打不开的锁,非常安全。有了这个前提,才能谈及其他。而且,伴随着区块链技术的发展,相应的加密技术也在发展,比如能够进一步确保安全的可分离介质和一体化钱包。

最后是资产的上链问题。没有资产上链，发多少Token都没有意义，炒来炒去炒的都是空气。Token必须与资产、证明、身份、数据、业务、信息等，共同上链才有价值。有股市投资经验者都懂得资产负债表，都知道一家公司的资产既然包括现金与有形资产，也包括无形资产，比如商誉、用户、海量数据、创意，这些对企业来说都具有巨大的价值，然而在传统的财务报表上没办法体现。有了区块链，情况为之改观，因为一切都可以用通证固化下来。成为用户即可获得Token，贡献数据可以获得Token，贡献创意也可以获得Token……因为有了Token，所有以往有价值但难以体现的资产都可以显性地表达与自如流转，只要它真的有价值。

2. 区块链最大的应用——Token

在持"区块链无用论"的人当中，有些人抱持这样一种逻辑：离开了Token，区块链技术将一文不值。因为区块链技术本身缺乏炒点，一个特殊方式加密的公共数据库，对公众来说有多大的吸引力呢？其之所以让人为之狂热，最核心的原因就是以比特币为代表的Token。区块链本身缺乏价值，但Token自带价值。

言下之意，区块链没用，除了炒币。Token不是自带价值，而是可以炒起来。原因，主要还是出在投机分子身上。但其错误也非常明显。区块链如果没用，会有包括各国政府在内的各种力量去投入巨大的人力物力研究它？事实上，自Token问世那天，区块链最大的应用就已经落地。Token不是自带价值，而是承载着价值的量化互联。

区块链基于互联网，是互联网技术的分支，同时又自成一派。它们的相同之处在于本质上都是一种传输协议：互联网是做信息的传输协议，实现了信息的高效传输；区块链则是做价值的传输协议，通过Token实现了价值的量化互联。

前面说过，区块链的本质是加密的数字凭证，但如果不进一步被用作价值的传输协议，那么它依然没有多大意义。而因为Token，它忽然变得意义重大起来。

首先，它是所有人都信任的凭证，不可篡改，可以交易、转让，同时不可销毁，不可逆。

其次，它是价值的代表，并且只代表真实的价值。数据是价值，商业模式是价值，无形资产、有形资产等都是价值，任何价值都值得加密，都可以量化为相应的Token。

最值得一提的就是数据。大数据是当下很火的概念，凡与它沾边的公司市值都很高，然而此类商业化公司的公信力很成问题。即使是脸谱，也会让用户怀疑在非法利用用户数据，此刻，这种怀疑已经成为事实，证据确凿；即使是滴滴，也会让用户怀疑不仅没给老用户权益，反而用大数据杀熟。没有哪家商业公司可以自证清白，我们也不需要它们自证。未来，区块链将带领大家将本来属于我们自己的数据资产夺回来，帮助我们支配在未来经济世界中最有价值的东西——数据。

在未来，我们完全可以用我们手里最有价值的东西——数据，去参与未来的经济活动，获得未来的经济活动当中所产生的收益的分配权。同时，用公链的方式搭建个人的交易所，用数据交易来帮助个人把数据进行定价。

所以，Token其实就是体现物联网核心价值的关键，Token可以实现人和设备之间发生交易，设备与设备之间发生交易。Token代表着区块链能够创造一种全新的价值交换体系，激活了全新的物联网，也帮助我们去建立一个全新的人类数据时代。

未来是一个万物产生数据，万物产生收益的时代。目前，我们正处于从信息互联网向价值互联网过渡的阶段。简单讲，互联网其实是一个信息的聚合的平台，通过大量的内容聚合了大量的用户。这些用户可以给互联网提供大量的数据和价值。这些数据在早期是有利于互联网整体普及的，但今天，这些数据的价值日益增加的时候消费者不满了，比如像今年百度的财报，去年收入1000个亿，200多亿的净利润，这些都是基于用户的数据产生，但是消费者在这个过程当中不但没有享受到好处，反而有可能还会收到一些垃圾信息。

更有甚者，在扎克伯格已公开向数家英美报纸公开道歉、引发公众热烈讨论之际，李彦宏居然表示"中国人对隐私问题的态度更加开放，也相对来说没那么敏感。如果他们可以用隐私换取便利、安全或者效率，在很多情况下，他们就愿意这么做"，结果引发了轩然大波。未来，这样的言论不再有，因为相应的漏洞不再有，通过区块链对数据进行确权，消费者将从传统的被动的产品消费者和使用者，变成为数据的持有者。人们跟互联网巨头的用户关系也会发生改变，这是一种生产力与关系的改变。如巨头想要再利用用户数据卖广告时，需要得到用户的认可，同时还要将大部分的收益分给用户（比如说百度1000多亿的收入，应该拿出一半以上返还用户），否则用户的信息都是加密的，你拿不到，拿到了则是非法的，得不偿失，这是区块链对于价值互联网的重要意义。

在未来，免费不复存在，我们所有的行为，我们所有的付出，都将得有回报；同样，当我们得到所有服务的时候，我们也会需要付出相应的价值。也只有到那时候，我们才可以说："在你睡觉时，区块链技术在帮你产生收益！"

3. Token：代表一切真实的资产和价值

区块链能脱离Token存在吗？

答案是不能。大机构固然可以凭借资金实力搞联盟链，但大众不参与进来，区块链就不能称其为区块链，终究是伪区块链。而想要调动大众的积极性，没有Token，大众显然不会有兴趣。

在现阶段，这样看待Token情有可原，没有利益驱动，谁也指使不动，这是人性使然。一定程度上说，当前尚未参与到区块链中并冷眼旁观的公众是理性加理智的，因为炒作之下，必有大量炮灰。然而，当区块链真的形成气候时，公众也会不可避免地加入其中。这就像汽车问世之初，世人多不理解，依然认定马车是最好的交通工具，但前者最终成为了主流，后者沦为可有可无的存在。

通俗地说，你可以把Token理解为一家上市公司的股票，不同的Token代表不同的项目、不同的技术、不同的功能。但它最基本、最主要的功能，还是用来代表真实的资产和价值。

尽管据我的了解，对股票尤其是中国股市抱持好感的人不多，然而总的来说，股票是一种伟大的发明。正是因为它伟大，所以在某些时刻它表现得很糟糕。它可以让人一夜暴富，也可以让人迅速破产。股票无罪，真正的罪魁祸首是人性的贪婪与恐惧，股票只是把它们放大到了极致。

众所周知，股票代表的是一家上市公司的所有权，也即股权。围绕着股权，慢慢地发展出了经营股票买卖或转让的公共交易场所，即股票市场，后续，人们又围绕着股票市场发明出了很多新玩法，如基金、信托、债券、期货、外汇，统称资本市场。试想，如果一个国家没有资本市场，那么底层的工人根本就没有机会分享到企业的利润，企业每年所有的利润，统统流进了老板的腰包。随着时间的推移，老板会越来越富有，工人只会越来越贫穷，社会的贫富差距就会越来越大。贫富差距达到了一定程度后，就会爆发各种不和谐。而有了股票及资本市场，普通人也可以通过购买上市公司股票，成为老板的合伙人之一（股东），合理合法地分享企业发展所带来的红利，贫富差距的速度就会慢许多，社会和谐稳定的时间就会更长。社会和谐稳定，百姓才能安居乐业，国家才能长治久安。

后来，因为有了互联网，股票的交易变得更加方便快捷，从而得以迅速普及，人们之所以称股东为"股民"，就是这个原因，人实在是太多了。时至今日，依然有很多人不看好股票，要么是曾经吃过大亏，要么是完全没有相应的意识，并不影响股票本身这个中性的存在。

Token也是如此，重要的不是看它现在，而是看它的未来。不要盯紧一些个案，某个人赚得盆满钵满，某个人却亏得倾家荡产。个中原因与个中区别，并不主要在于投资与投机的区别，还在于我们必须明白一点：政府之所以建立股票市场，一是为了开辟投资渠道，二则是为了方便企业融资，获得更好的发展，更好地服务整个社会。后者显然比前者更加重要。未来，通过联结互联网、物联网，所有的资产与价值均可

Token化时，肯定会有与资本市场的相关对接，但真正的初衷以及真正的伟大之处，还在于资产Token化本身。那时候的我们，就像现在的股民必须认清一个事实，那就是：只有老实本分长期持有，才更有可能赚到合理收益，自作聪明的短线投机，又何需Token来"害"你？

4. Token：代表快捷无障碍流转交易

通常来说，一项新兴技术从发明到成熟大多会经历五个阶段：初始阶段、泡沫阶段、泡沫破灭阶段、发展阶段，最后到成熟阶段。区块链技术现今处在一个不断起泡同时也不断破灭的过程中，只有经历过这一阶段，才能迎来真正的发展和成熟。

作为一项新兴技术，区块链备受关注，尤其是负面新闻。而在当前，区块链项目的负面效应多与Token的发行、炒作有关，但不应把Token妖魔化。相反，Token机制是区块链项目能够顺利运行、推进的重要抓手，或者说是唯一抓手。一定程度上说，只有解决好Token的机制，才能解决好区块链的应用。

纵观全球区块链技术的发展及应用，眼下，区块链的主要场景区别在于有无Token。无Token的区块链基本上都是联盟链，像金融机构间对账、大宗商品交易、供应链融资、区块链仲裁、公益的监督、金融产品信息披露、人民币跨行流转确认等，这是伪区块链，完全无法与比特币、以太坊等公链相比，然而它仍然可以解决或者健全现实社会中的很多问题。比如在公益事业中，可以利用区块链记录善款的流向，从而实现对公益机构的精准监督。而有Token的区块链，抛开因为发行Token造成的负面效应不谈，重要的是要明白，Token不等于ICO，Token机制本身与融资无关，为避免非法集资伤害大众利益，应该严令禁止向不特定人群进行ICO的融资行为，并在此基础上，完善监管机制，积极推动带Token的区块链项目及其深层次发展与落地应用。

前面我们曾经讲过股票的社会意义，它把企业、社会与国家有机地结合在一起，而区块链的Token机制可以创造一个全新的企业组织形式，也就是区块链社区。尽管上市的企业越来越多，不上市但给股权的企业也不在少数，然而，依然有很多公司的很多雇员不一定持有公司股票，更不要说与企业看似离得更远实则利害攸关的供货商、经销商等利益相关人，不持有公司股票，意味着他们与公司的利益并不完全一致，从而导致各种内耗和瓶颈。而带Token的区块链架构的企业组织则不同，它以持有Token为标志，企业权益的所有者将进一步扩大到与企业发生经济联系的所有参与者，从而保证个人与企业利益相一致。因为我们知道，标准的区块链是去中心化的，在去中心化模式下，利益相关人均为所有权人，区块链社区内所有持有Token者均为"股东"，组成利益共同体，共同参与、建设社区，并可以从Token的价值增值中获益。而且一般而言，与一个区块链社区利益相关度越大的参与者，持有的Token份额也就越多，获得的收益分配也就越多。

现有的比特币社区，就是非常成熟的项目。中本聪何许人也，去了哪里？谁也不知道，但这丝毫不妨碍社区的运转。比特币社区内的利益相关者（包括矿工及在比特币区块链上转账的人）可以通过算力达成共识，从而能够一步步发展壮大，至于它能否进一步发展，发展到能够承载更多资产和价值的程度，还有待时间检验。

在现阶段，人们经常提出这样的质疑：在政府不明确表态支持各种Token的情况下，持有代币的人怎么去交易？会不会很麻烦。这种担心其实是多余的。以比特币为例，它一开始就是全球化的，美国人、中国人、日本人、英国人、法国人，以及很多人连名字也叫不上来的国家的公民，随时随地都可以在链上交易，把他们的代币变成真金白银。相反，大家出个国还要把人民币换成相应国家的货币，你说哪个方便？这还是在目前，仅限于Token与美元的转换。在未来，当所有资产与价值均可Token化时，那种方便简直超乎现代人的想象。

有人会说，任你舌绽莲花，我只知道政府现阶段还不支持。没错，但政府不支持的只是借助Token为恶的人和项目，好的动机与好的项目，政府不仅支持，而且也亲自参与。让我们接着上面的话题说下去：据世界旅游组织(UNWTO)公布的全球出境旅游行业的调查报告显示，在2017年，全球很多国家境外旅游消费的数据都非常正面，事实上，我们也经常看到诸如"没有中国游客，韩国商业萧条"之类的报道，足见跨境旅游有多么的普遍和重要。同时我们也发现，个人境外支付通兑非常不方便，费用高、额度受限、便捷性很不好。而Token，在可期的未来，它可以让全球资产数字化，也就是Token化，并随即流动起来。这还是站在全球视野上说，在某些国家和地区，某些区块链项目已经推出了实用的方案，局部地化解了这些问题。普遍化与优化迭代，都只是时间的问题。

5. 区块链将重塑价值流转体系

什么是价值流转体系？

我们先来看看货币流转体系。

货币，钱，它必须流转而且必须流转顺畅，只有这样才能彼此获益。以咖啡为例，普通人生产咖啡，咖啡店买进咖啡并提供服务，普通人再从咖啡店买咖啡，咖啡店买进咖啡再销售出去的过程中，货币发生了流转。如果咖啡店以非常低的价格买进咖啡，然后以高价销售给消费者，那么货币会且只会不断地向咖啡店积聚。这样一来，因为咖啡售价较低，种咖啡的人所能支付的人力及劳务费用也会随之降低。最后，这些被雇用的人成为消费者时，由于所获取的报酬变少，那么他们去咖啡店购买咖啡的次数也会减少。这样恶性循环下去，种咖啡者的咖啡就会滞销，随之就会减少人手，然后咖啡就会减产，产量少了价格自然会提上去，如此循环往复，看似没有问题，但在此过程中，往往需要政府出面调控，避免失控。比如，为咖啡生产者提供必要的资金支持，当咖啡店不以合理价格收购咖啡时对其课以重税或法律制裁，从而保证整个循环生生不息。各国政府基本上都会做类似调控，在诸多调控方法中，最简单的就是管理和印制货币。

比如控制利率。大家经常会从新闻中听到诸如"降息""加息"等消息。降息即降低银行从央行借款时支付的利息，银行能以较低利率向国家借到钱，那么它也可以以较低利率将钱借给企业或个人。这样一来，企业的投资就会增长。因为企业能够以较低利息借到钱，所以它会努力通过扩大投资，以赚取更多的钱。随之，股价就会上涨。由于个人也能以较低利息借到钱，人们就可以买房或进行个人投资。这样，货币就会大量流入市场，从而刺激消费。刺激消费可能产生商品短缺的情形，并由此引发原材料不足的问题。最终，原材料价格上涨，进而引起商品销售价格上涨，这也就是物价上涨的原因。因此，降低利率一方面可以拉动企业投资，搞活经济；另一方面也会导致物价上涨。反之，如果央行加息，提高利率，就将拉高银行的贷款利息，从而导致企业缩减投资规模，并使消费萎靡不振。这样一来，股价自然下挫，市场中的货币流通不畅，商品销售受阻，进而导致企业降价销售，最终使物价下跌。

政府通过调整利率就能调整货币流通，但货币未必会这么流转。一国货币除了会在国内使用，也要与世界上的其他国家进行交换。如果是简单的出国旅游或者留学换取些外币倒还好，重要的是有很多人专门靠炒外汇生活，还有些人专门做空，有些政府或是为了应对国际炒客，或是为了保护本国经济，也会适时出台一些政策，导致调整货币流通变得更为复杂。而对于个人来说，这就回到了之前所说的个人境外支付通兑非常不方便，费用高、额度受限、便捷性很不好等问题上，而区块链将有助于解决这些问题。

现在，很多区块链平台都可以通过集成数字身份，使智能资产在不同的数字身份中进行各种安全的转移。LAToken，即第一家代币化资产区块链平台则进行了更加个性化的尝试。在他们的平台上，你可以用加密货币付款购买链上的任何资产，包括美国的顶层高级公寓和张大千的画作，而且支持小额方式。举例来说：他们会将价值1000万美元的法国城堡代币化，普通人可以掏50元人民币购买其中一小部分资产。如果这都可以，那还有什么不可行？

6. 区块链：信息互联网向价值互联网转变的钥匙

按照托夫勒的说法，人类经历了三次浪潮式的文明，第一次是农业文明，第二次是工业文明，第三次则是我们现在正在经历的，我们称之为数据文明。农业文明历时几千年，主要解决衣食和生存问题。工业文明仅400年历史，但它极大地推动了物质文明的发展。当前的数据文明，也有人称之为信息文明、科技文明等等，不管叫什么，不可否认第三次浪潮文明均是以数字化为驱动的。

而细分起来，整个数字化进程目前可大致划分为四个阶段，分别是PC、互联网、智能手机以及区块链。区块链孕育着下一代分布式互联网，如果说TCP/IP协议让人类进入了信息自由传递的时代，区块链则会把人类带入价值高速公路时代。信息互联网时代的明显标志，主要就是信息的跃迁，实现了简单的信息流通。从PC本地一直到PC互联，再到移动互联，始终都是信息的传输而已。它所有的信息会停留于最末端的营销，并没有深入到产业中去，更不要说每天接受信息轰炸，本身也令人不胜其扰。

但价值互联网就不一样了，一定程度上它是互联网的升级，它传递信息，也传递价值，或者说是只传递有价值的信息。它是互联网的第二个时代，不仅可以带来进一步的繁荣，还会给社会带来公平正义，所以有人估计，区块链的价值百倍于互联网。

以支付宝、微信、微博等为例，用户都有一个属于他自己的的数字身份，账户里面多少都会有些资产，然而，这个数字身份和数字资产的最终控制权不在用户，而在诸如支付宝、微信这样的平台手上。而有了区块链，用户才谈得上拥有真正意义上的数字身份，那是由个人持有且任何其他人和机构都无法篡改的，这样，其持有的资产才是真正意义上的数字资产。未来，人们可以随意在区块链上建立数字身份，以代表其在区块链上持有智能资产，所有其他有应用价值的信息也将集成在数字身份中，并以密码学的方式保护起来，在确保安全的前提下，极大地方便我们的生活。

以前，人们要登记自己的资产如房产，需要到房产部门去，这不仅麻烦，而且也导致了类似的登记不可能事无巨细，很多资产是不能入册的。而在未来，区块链将在网络经济、共享经济中发挥重要作用，无论是金融、智能设备、医疗、教学、档案、司法、版权，还是物联网、家庭娱乐，都最终会应用上这方面的技术。举个简单的例子，在可以预测的将来，某天你在网上写了一个仅有100余字的小故事，只要它够有趣，让人喜欢并推荐了它，你就会因此获得知识产权的报酬。而现在，这听起来就像个笑话。

当然，信息互联网向价值互联网的顺利转型不会在朝夕之间，这不仅是技术建设的问题，也关乎观念，但它迟早会成为现实，成为我们的日常生活。

7. 区块链：促成弱人工智能向强人工智能转换

1956年，约翰·麦卡锡首次使用了"人工智能"（Artificial Intelligence）这个词，他也因此被称为人工智能之父。但这位先驱曾经吐槽说："一旦一样东西用人工智能实现了，人们就不再叫它人工智能了。"只有真正了解人工智能的人才能理解这句话。前面我们曾经对人类数字化进程做过断代，而人工智能也可以划分为三代，即弱人工智能、强人工智能、超人工智能。

弱人工智能几乎是与电脑的发明同时开始的。提到人工智能，人们首先会想到机器人。不过，公众首先想到的它是个人，而不是机器。事实上，它首先是机器，其次才是人。电脑能代替人类计算，算不算人工智能？即使这样说很勉强，但它至少已经是雏形了。

标准意义上的人工智能自弱人工智能（Artificial Narrow Intelligence/ANI）始，它只专注于完成某个特定的任务，例如语音识别、图像识别和翻译，是擅长于单个方面的人工智能，但发展程度并没有达到模拟人脑思维的程度，所以弱人工智能仍然属于"工具"的范畴，与传统的"产品"在本质上并无区别。以能战胜围棋世界冠军的人工智能阿尔法狗（AlphaGo）为例，它看起来很强大，但只会下围棋，如果问它怎样更好地在硬盘上储存数据，它就无法回答。换言之，它并不真正拥有智能，也没有自主意识。

公众意识中的人工智能,属强人工智能级别,甚至达到了超人工智能阶段,这主要是受科幻小说与电影的影响。强人工智能(Artificial General Intelligence/AGI)属于人类级别的人工智能,它们是标准的机器人,人类能干的脑力活它都能胜任,包括思考、计划、解决问题、抽象思维、理解复杂理念、快速学习和从经验中学习等,而且和人类一样得心应手。由于它们初步具备了"人格",或者说它们至少具备了拥有人类人格的基本条件,能像人类一样独立思考和决策,是否也会像人类一样有天会产生厌学心理或不求上进,也未可知。

超人工智能(Artificial Super Intelligence/ASI)就是科幻影片中那些主人公,比如《人工智能》中的小男孩大卫,《机械姬》里面的艾娃等。很显然,我们目前还做不到,而且我们目前连强人工智能都做不到,毕竟它比创造弱人工智能难得多。但是,相关防范早就开始了。如前所述,强人工智能就已经可以比肩人类了,而超人工智能的定义就是在几乎所有领域都比最聪明的人类聪明很多,包括科学创新、通识和社交技能。当人工智能跨过"奇点",人工智能便已经不是目前人类可以理解和想象的。超人工智能将形成一个新的社会,会不会引发人类"永生"或"灭绝",这不仅仅是哲学思考。

以目前已经问世的一款著名机器人索菲亚为例,她可以举行几乎完美无缺的访谈,并能像知名学者一样概述人工智能的目标是让世界变得更美好,但这是因为此前她一直在被动学习相关知识,机器如果能学好,那同样也能学坏。万一机器只学坏不学好怎么办?在之前,这些问题是无解的。而区块链技术恰好可以消除这种不良情况。区块链的主要功能之一就是提高数据质量，另一特性是去中心化，对接人工智能后，前者能保证机器尽可能地学习好的知识，后者则可以帮助公众从少数大型科技公司手中抢夺控制权，更好地使人工智能造福于民众。

另外，即使是弱人工智能，在今天依然表现得差强人意。许多企业宣称它们在使用AI技术，事实上却只是一些充气的martech软件，用户必须手动编程。真正的人工智能还远不是主流，而区块链既可以改善人工智能的质量，并以此促进自身的改善，同时区块链的ICO功能可以吸引更多的人来参与人工智能项目，让更多的智能资本攻坚尖端技术，共同应对前方的挑战。现在已经擦出了一些火花，但相关可能性永无止境。

8. 最终之路：大数据、AI、物联网、云计算和区块链组合

关于真区块链与伪区块链的鉴别，有一个比较简单的方法：如果相关人员眼中只有区块链，口中只讲各种币，再也看不到、讲不出其他东西，那么他推销的项目多半就是伪链。因为区块链是一门交叉学科，从底层技术上看，它至少结合了P2P网络技术、非对称加密技术、宏观经济学、经济学博弈等众多门类的知识。而在未来，区块链将踏上它的最终之路，也就是与大数据、AI、物联网、云计算及其他日新月异的技术，共同改变我们这个世界。

在此过程中，区块链不是最关键的，但一定是必不可缺的技术。在接受一家媒体对相关问题的采访时我曾经说过，在前面的章节里我也提过，当前人们一方面在憧憬着未来，同时也在担心着未来，特别是AI机器人的反噬，如果AI机器人设计和诞生的原始目的，便是以满足人类的需求为核心目标，那么获得这些人类的数据，并加以分析，以获得让人类满足的更好模式，便应该是AI机器人的原始本能和与生俱来的欲望。如果再加上物联网，美好与如影随形的担忧都会进一步增益，这中间就需要区块链，它是弱人工智能向强人工智能转换的关键步骤。而且这一转换有很大的几率会导致人类在工业革命之后的第二次科技爆炸，同时在可以预见的时间里，催生全面超越人类智能的强人工智能。

基于此，我发起创立了BAIC佰客公链，我们一贯的观点是："如果我们不能阻挡这一切的发生，那么希望由我们来使其发生。"也就是说，如果有一天我没办法阻止AI替代人类，那么我一定要成为这家AI公司的参与者。

至于物联网，当前全世界的物联网设备数以亿计，是天然的分布式网络，也是区块链技术最佳应用场景之一。但传统的物联网设备算力低、数据交易又很频繁，存在数据产生持续性、碎片化、分散化等问题，传统的中心化存储方案也很难处理。

例如，在中心化模式下，数据全部存放在商业服务器上，所有权归属问题很难解决。是归设备厂商，还是BAT这些互联网服务提供商，或者是用户自己?会不会泄露?等等。同时，我们在部署智能家庭AI应用时，又遇到了数据匮乏的问题，无法有效获取数据，完成AI应用的深度学习与训练。为解决这一问题，也规避自身的瓶颈，我们转以数据为核心价值载体，一切围绕数据存储、数据交易、数据采集进行，将物联网设备作为节点使用，验证交易，安全灵活，其思路就是谁的数据谁付钱，存在谁那儿谁收钱。

我们提供无法篡改的数字加密令牌，也就是Token，在IOT设备之间，用来物物结算。比如说，家中的空调配件发生故障或者老化，可以自动通知厂商进行更换，并用Token进行结算；家中洗碗机的耗材用光前，也可以由洗碗机直接下单购买洗碗机盐；家中智能微波炉、炉灶、净化器等智能家居的每天使用数据被分享给广告商，以便于广告商进行家庭广告精准投放，并且将广告费通过Token返还给用户，使用户获利。

同时，AI应用既可以采购数据，也可以消费应用让用户买单。例如家用安防摄像头,可以激活安全头像识别API服务,在遇到特殊情况的时候,可以在国家级别的犯罪嫌疑人头像库中进行比对,预防风险。而此时用户只是按应用的调用次数用Token自动结算即可,随用随花,实现了Token的经济循环。

为促进物联网设备和AI应用之间的数据交易和结算,鼓励消费者尽可能地分享他们的数据,我们推出了一种基于区块链技术产生的积分代币体系,用于物联网数据价值的奖励和流通。只要用户使用BAIC社区支持的物联网设备,包括带有BAIC标志的智能家居产品,分享数据即可获得积分,积分可以用于购买BAIC支持的各类智能硬件和积分奖励商品,也可以用来做设备自动结算。最重要的是,BAIC积分也可通过交易所和OTC方式进行交易,使BAIC的目标,也就是通过将大数据、AI、物联网融合起来一同上链,通过基础的机器交易体系,以及完善丰富的智能合约平台,提供一个数据交换、设备结算、人类获益、AI提供AIaaS服务、厂商可以自行上链的物联网AI生态平台,不至成为一句空谈。

9. 区块链推动经济世界革命

区块链技术到底有多重要？其优势究竟是什么？

众说纷纭之际，听听诺贝尔奖获得者是怎么说的吧，他们毕竟是世界上最睿智的一群人。

在2018年5月举行的全球区块链峰会香港峰会上，2011年诺贝尔经济学奖得主、经济学家萨金特教授在演讲中指出，当今世界的金融市场存在三大问题无法解决：第一，第三方仲裁机构拥有绝对话语权，这本身就是一种垄断，而垄断则意味着不公；第二，当今的技术需要消耗冗长的时间进行资金转账，而时间就是金钱，也是生命；第三，各类中介会收取大量费用。反过来说，也正是这些问题催生了区块链，它拥有四大特性，即确定性、永久性、准确性和加密性，正是这些特性让它拥有了巨大的竞争优势。可以说，在未来如果不接受区块链，别说金融企业，就算是个人也难以在这个不断变化的市场中取胜。

有人会说，萨金特会不会是有人请来的托呢？毕竟是行业内常有的事。这种担心很大程度上是多余的，抛开其没必要为些许金钱丧失名誉不谈，如果他想赚钱，那也不必如此。而论及学术，他是赫赫有名的理论预期学派创立者。想想看，他但凡稍微不理性一点，又该怎么描述区块链呢？

麦肯锡长于学术，华尔街著名多头史蒂夫则从一线应用角度来思考区块链。他表示，区块链技术早已引起华尔街各大银行的重视，华尔街早已经开始行动。仅仅是单从替代传统对账来说，因为采用区块链技术，可以节约大量的基建、设备、人力、物力和时间，能有效降低银行成本，最终惠及用户。

直到现在，我们所举的这些例子还仅限于金融圈，这显然不具说服力。那我们不妨再展开谈谈。

首先是目前很火的绿色健康产品。现代人都注重自身健康，钱不是问题，问题是你付出了高价之后，你买到的号称"绿色、生态、环保"的健康产品是真的绿色吗？一来市场庞杂，二来监管体系不足，存在各种数据造假。但引入区块链技术后，便可以对整个供应链环节的各个阶段，包括原产地、原材料、生产、加工、配送和交付，实现从头到尾的跟踪与验证。相应的技术，自然也可以广泛应用于食品、药品、保健品及相关行业。

事实上，就在前不久，全球联合健康慈善基金会已推出了它们的慈善健康链，它简单易用，通过鼓励全民行走，在增强身体素质的同时挖矿获得健康币，然后通过平台对全球病患进行选择性捐款，从而解决世界上偏远地区以及贫穷落后地区的重病患者看病难、救治难问题，提高全球医疗水平。我们不小心生病的话，也可以登录平台，输入个人信息，便有专家进行一对一问诊，并免费获得医院VIP卡，你的健康币可以用来购买药物，也可以用作治疗费用。整个过程通过区块链技术严格加密，任何个人信息都不会泄露，就算是医生与护士想查看，也要得到用户允许。

自由撰稿人是比较自由的人群吧？区块链也能深深地影响他们的生活。首先，区块链能解决版权问题。微信公众平台的"原创"功能，在这方面走出了重要一步，但远远不够。假设在未来，出现一个引入区块链技术的平台，一方面进一步加强原创审核标准，另一方面与所有的文字平台打通内容库，并联合第三方提供低成本高效率的维权服务，即可解决版权顽疾，改变"抄袭者生，原创者死"的不良业态。至于版权流转问题就更好解决了，只要设定相应的智能合约，如转载一篇文章需付10个Token，只要在链上付完，马上就可以转走，不需要再像现在这样沟通、洽谈，讨价还价。区块链还能解决利益分配不均的问题。Token的本质是期权，区块链的任务是干掉一切中介，把价值还给它的创造者。尽管这是个很复杂的工程，但我相信，有魄力的平台已经在路上。

总之，区块链几乎会影响所有的行业，而且几乎都是利好，同时它触发的技术创新将是空前的，涉及的范围会非常广泛，会使整个生产、管理及管治体系发生巨大变化，而这正是人们衡量一次工业革命的特质。

第三章

区块链背后的经济学原理

1. 区块链与《物权法》：物权凭证确认

2007年10月1日，《中华人民共和国物权法》正式施行。

2008年11月1日，谜一样的中本聪首先在《比特币：一种点对点的电子现金系统》中提到了比特币。

二者有什么必然的联系吗？

答案是没有。

有，也是间接的。

简单说来，《物权法》用来明确物的归属，区块链在此基础上促进物的流转。

"明确物的归属"，这看似轻描淡写的几个字，究竟有多么重要，只有经历过的人才懂。

今年恰好是改革开放40周年。40年前那个寒冷的冬夜，安徽省凤阳县梨园公社小岗村18位饱尝贫困之苦的农民，以"托孤"的方式，冒着大风险，立下"生死状"，按上红手印，以敢为天下先的精神，拉开了中国改革开放的序幕。那份后来家喻户晓的"生死状"，不满百字，主要内容有三条：一是分田到户；二是不再伸手向国家要钱要粮；三是如果干部坐牢，社员保证把他们的小孩养活到18岁。之所以这样写，是因为这个举动在当时是冒天下之大不韪。说具体点，就是说当时的中国，原则上不允许人们拥有任何私产,这极大程度上限制了人们的生产积极性,迎合了人性中的惰性。改革开放,有效地解放了生产力,促进了人民的生产积极性,中国从此一天一个变化,直到举世瞩目。而《物权法》的颁布与实施,适逢中国改革开放进展到一定深度,我国社会经济迅猛发展,人们普遍要求切实保护通过辛勤劳动积累的合法的私有财产。确立《物权法》,是我国社会主义市场经济体制建立和发展过程中的必然,也是推动形成中国特色社会主义法律体系的重要步骤,对于实现好、维护好、发展好最广大人民的根本利益和激发全社会创造活力,全面建设小康社会、实现民族复兴的中国梦,具有十分重要的意义。

这些年,百姓最关注的财富点是什么?

是房子。过去,没有任何房子完全属于个人,全都归集体所有。那时候人们不会想到买房,也无处可买,买了从法律上说也不属于自己,因为还没有相应的法律。现在,人们热衷买房,一来这符合中国人安土重迁的传统,二来房子不仅是不动产,同时也有实用功能,并且可以传承给孩子,赠送给亲人,《物权法》还进一步明确了房产的永久属性。当然我们还知道,在之前与之后很长一段时间内,中国的房地产还具有相应的金融属性。可以说,在去年的强力监管政策出台之前,投资什么都不如投资房产稳定性高、收益大。

我所知道的一个事实是,有不少在链圈、币圈有所斩获的人,第一时间把自己的收益变成了房子;同时也有另一群人,恰恰相反,他们在几经考虑之下,把自己在房子上赚的钱的一部分投资了比特币等数字货币。这里没有严格的对错,因为每个人的情况都不同,但资产配置却是每个高净值人士都需要的。

但是，房子作为金融工具显然是不正常的，因为它是不动产，而且通常价值昂贵，除了居住之外也基本上没有别的功能，投资它，涨了还好，一旦暴跌，就会给投资人造成巨大亏损或长期套牢。我们不要看着现在的炒房团日子过得还不错，等到政策进一步收紧，尤其是房产税出台后，会有人心急火燎的。

我们绝对不是来兴灾乐祸的。相反，我们要站在他们的角度反思：如果有更多、更好的投资渠道，他们还会不会对流动性很差的房子情有独钟？因为这不单单是炒房者的问题，也是一个普遍的社会问题。一定程度上，也只有让房子真正流动起来，才能真正解决这个问题。

如前所述，区块链能够做到这一点。除了房子，区块链也是记录任何公民权利及所有价值转移的证书。如甲有一套房屋，登记于区块链地址A，乙也有一套房屋，登记于区块链地址B。甲是独身主义者，房子稍大，浪费空间；乙有几个孩子，房子稍小，家人住不开。经过实地看房，二人决定相互置换一下，同时由乙补给甲一定的差价。那么甲只需在区块链上向乙发送一笔转让房产交易，同时乙也向甲发送一笔交易，包括他应该补给甲的差价款，经区块链节点确认后，互换即告完成，整个过程甚至只需数秒。

又或者甲有一辆豪车，与丙的房屋价值相当，二人认为互换一下对彼此都好，于是达成互换意愿，同样只需双方互发一笔交易到对方指定地址即可。整个过程不仅同样省时省力省能源，而且连我们前面大书特书的Token似乎都不用出现。没错，在一些特定的区块链中，Token并不是必需的，区块链只需对相应的物进行所有权确认，然后便可以通过以物易物的方式进行价值流转。物物交换看上去很落后，然而我们想想，人类当初发明货币的终极目的，还不是为了方便于物物交换本身？区块链的横空出世，重新激活了这种古老的交易方式，让受困于钱物交换的现代人，同时拥有了两种交易方式，功劳不可谓不大。

2. 区块链与流通经济学：资产可流通

20世纪90年代，中国推出了很多旨在推进改革开放的经济政策，但最重要的两件事不外乎房子与股票。前面我们已经屡次谈及房地产，并且畅想了未来房产等不动产全部上链的场景。相对来说，股票交易所的设立及相关法规的确立，意义更加深刻。因为我们知道，只有上市公司才能发行股票，而上市公司的所有资产，包括它的厂房等有形资产，也包括它的无形资产，如商标、商誉、技术等，均可以体现在市值，反映在每一股股票上。

从一定程度上说，它是区块链赖以滋生的土壤，尽管区块链并不始于中国，然而世界早已全球化，而中国早已深深介入其中。

我们不妨从股票的诞生讲起。1602年，在荷兰的阿姆斯特丹，正式印制了世界上最早的股票——东印度公司股票。7年后，当地又成立了世界上第一个股票交易所，阿姆斯特丹银行也在同年诞生。这是一个非常有意思的国家，面积只有两个半北京大小，但300年前，它却是整个世界的经济中心和最富庶的地区。当时它仅有150万人口，其势力却几乎延伸到了地球的每一个角落。著名的纽约，最初就是荷兰殖民地，名字就叫新阿姆斯特丹，后来才被英国人夺走，改名为新约克，即New York，中译便是纽约。前段时间中兴危机，又让很多国人间接了解了这个小国：全世界最顶级的光刻机，居然出自荷兰？！

让我们言归正传。荷兰的奇迹源自它独特的民族性。荷兰面积有限，它的国民不喜欢也没太多条件去开疆拓土，而是热衷于积累财富。他们甚至将自己的管理权交给其他国家，比如西班牙。由于西班牙国王贪得无厌，荷兰人被迫奋起反抗，通过联合英国，才最终赶走了西班牙国王。此时的荷兰人依然认为自己不那么需要政治权利，更为迫切的还是商业利润，于是英国顺理成章地成了新主人。事实是，天下乌鸦一般黑，英国女王比西班牙国王更黑。最终，荷兰七省联合起来，成立了自己的共和国，这是一个前所未有的"赋予商人阶层充分的政治权利的国家"，为它之后的作为奠定了基础。

1602年，荷兰联合东印度公司成立并发行股票，聚集了650万资金，成功地将社会分散的财富，变成了自己对外扩张的资本。但股票发行后，一直没派发红利，东印度公司的决策者把收益都用在了盖房、造船、继续打造贸易体系上面，这让那些入了股的荷兰民众不能容忍，没办法，全球第一个股票交易所诞生在阿姆斯特丹。只要你愿意，股东们可以随时通过股票交易所，将自己手中的股票变成现金。不久，解决资金拥堵问题的银行也随之诞生。流通——这是关键。

就这样，荷兰人凭空创造出了一个涵盖银行、证券交易所、信用以及有限责任公司的金融体系。其益处是显而易见的，也是全方位的、覆盖全民的。有些人或许不炒股，但作为经济的晴雨表，股市的表现也与他息息相关。

哪怕仅仅是跟货币的发明相比，股票的诞生也是非常巨大的进步。然而股市仍然存在着很大的不足，它的流动性依然受限，特别是在中国，政府为了保护中小股民的利益，设置了相应的约束机制，如准入门槛、T+1

交易、熔断机制，加上监管机制与股民心态均不成熟，导致炒作成风、隐阱重重、内幕交易、过度质押、动辄停牌，不当几年韭菜，很难清楚股市到底是何种存在。

如今，中国股市跌跌不休，区块链币圈却方兴未艾。如果说股市只是割韭菜，好歹还会留下些根须，那么币圈很多人的做法，则是连根儿都挖掉，甚至连土都挖走，渣都不剩。但我们必须向前看，相信中国股市总有一天会健康，至少健康到可以随进随出的程度，也相信如今笼罩在区块链上的种种阴霾很快就会消散，发挥它真正的作用——让资产自由流通。

顺便谈谈我卖房子买比特币这件事。很多媒体都用"豪宅"来称呼它，并认为我发起BAIC项目并不需要卖房，只要利用我的影响力振臂一呼，就会有很多人把币打给我。抛开我如果那样做是不是真有人把币打给我不谈，在我看来，这不过是一种资产配置方式罢了。所谓的豪宅，本质上还是房产，而房产不过是一种资产。对于我而言，房产这样的资产不如比特币这样的数字资产有价值。我坚定地认为，未来各种资产都会上链，未来资产的交易、流转、存储、展示，都会在链上完成。我看好数字资产的未来，我愿意把我的物理资产上链，换成已有的链上资产，比如比特币，连股票都不考虑。

就这么简单。

3. 区块链与《资本论》：中心化资本优势由强变弱

我当年在美国南加州大学读MBA时，有一门必修课，叫作"商业企业道德困境"，讲的是股东利益和消费者利益的冲突，这其实也是现代企业制度根深蒂固的矛盾。

顾客是上帝——这不是说说而已，而是大多数企业都很认同的观点，只是这个观点并未得到很好的实施。举例来说，滴滴打车在早期的时候，消费者可以享受到很好的让利，能够很便宜地打到车。但是到了现在，滴滴打车已经具备寡头垄断的地位，打车的价格甚至比出租车还贵。

以同样的眼光，我们去审视150年前的美国，当时洛克菲勒在美国创立了首个石油集团，他拥有生产资料、资本、土地，所以他能建立一个新的商业帝国，去剥削工人、劳动者的剩余价值，这是当年马克思在《资本论》中总结出来的内容。在欧洲的战火中，洛克菲勒成为了全球首个亿万富翁。直到今天，资本家们依然利用着他们的资本优势来攫取消费者的权益，无非是从欧洲转到美洲，再从美洲转到亚洲新兴市场罢了。

这种生产力的分配关系，我们认为是不公平的。这种中心化的机构和组织，拥有巨大的权力和权益，我们认为也是不公平的。而区块链来的正是时候，它在这个全新的时代为我们提供了全新的模式，通过 Token 代表所有人的权益，代表企业的生态价值，并能够将 Token 方便、快捷地转移到消费者当中,让消费者通过他们的行为,参与、购买企业的产品来拥有Token,这也就是我们所倡导的"消费即投资、参与即投资"理念。

这样一种新的生产力关系,正是区块链所带来的一种魔力,它能让消费者做甲方,做真正意义上的上帝,从而颠覆和重新分配原来属于股东的权益。但这对股东来说未必是损失,而是缔结真正的命运共同体。就像比特币,价格涨了,所有持有者都好,价格跌了,乃至崩盘,所有人都难以幸免。那么唯一的做法,就是不约而同地维护它,维护它的价值就是维护自己的价值。同样的道理,当顾客与企业通过Token紧紧联系在一起之后,Token将把普通顾客转化为"固客",同时它也是吸引更多潜在客户的原始驱动力。

我们知道,《资本论》影响巨大,它的主要关注点在哪里?并不是资本,而是资本与人力结合创造的剩余价值的分配问题。有再多的资本,没有人的参与,是无法创造价值的。以往,人们只关注到了劳动者的剩余价值分配问题,这没错;不过劳动者同时也是消费者,如今,区块链技术可以直接把相应的价值还给所有的参与者,而不论他首先是一个消费者还是一个生产者。这是对生产力关系的时代诠释,也符合《资本论》的初衷。

我们看到,在这种去中心化思想的引进下,近年来,尤其是今年,在很多传统赛道,都涌现出来了一些颠覆生产力关系型的创业项目,并不仅限于区块链技术。前面我们也早已经说过,区块链是一种技术,也是一种思维。所以我建议创业者、投资者以及公众,不要刻意强调区块链技术本身,要着力于这种思维,思维的突破,才能带来技术的突破,从而带来生产力与生产关系、生产模式等的突破。当下,尤其要针对95后的用户去创造新的项目,提供创新产品。我预感95后的消费者现在既不会高位接盘

70后的房子,也不太可能买得起80后的公司股票。但他们会用自己的消费,用自己的行为,投票推举出新的BAT、新的平台,并在新的商业模式下完成新一轮财富积累。

4. 区块链与《货币非国家化》：国家货币的未来

请人站台、找人背书，各行各业都很普遍。币圈最喜欢搬出来的大佬就是哈耶克，作为新自由主义的代表人物，诺贝尔经济学奖获得者，哈耶克称得上著述颇丰，包括《通往奴役之路》《致命的自负》《个人主义与经济秩序》《自由秩序原理》《法律、立法与自由》等，《货币非国家化》则是他晚年最后一本经济学专著，币圈人用来背书的也正是此书。

在此书中，哈耶克提出了一个非常偏激以至人们完全不把它当回事的观点：废除中央银行制，允许私人发行货币，并自由竞争，这个竞争过程将会发现最好的货币。他建议废除中央银行的原因就两点：一，货币本来就是自发的，而非一开始就由政府垄断，所以不能太迷信法币；二，政府喜欢滥发货币。这没什么好说的，因为它们都是事实。

但反过来说也是事实。中国历史上就曾允许过私人铸钱，比如汉代的邓通，受到皇帝的宠爱，怕他没钱花，直接赐了一座铜山，想铸多少就铸多少。当时的各诸侯国及富户也均可自由铸币，只要缴纳相应的赋税即可。但不能说那时候的货币就是好货币，就是去中心化的货币体系。

而哈耶克所谓的"私人"，也并不是泛指每一个人，而是指银行及资本家。他认为，要彻底解决通货膨胀问题，应当让银行自由发行货币，不同的货币在市场上进行自由竞争，那么出于利润的自利考虑，银行就会极力维持稳定的币值。姑且抛开这么做的后果不谈，单是这份想象力，就令早已习惯了国家对货币的垄断权力的人们震惊，更何况他的建议基于极其严密的推理。正因为这样，《货币非国家化》才会被币圈引为理论依据，也确实吸引了大量的人和资本。

那么，货币究竟能否非国家化？

这要从两个层面去回答。

首先，如果我们把这个问题锁定为哈耶克的问题本身，即让政府废除中央银行，放开私人铸币，这显然是不可能的。当今世界由主权独立的各个国家组成，一国发行的货币总量只能与该国主权范围内可交换的社会财富相对应。在这种情况下，也只能由国家统一负责货币发行规则和货币总量控制，并以国家主权和法律加以保护。完全交由非国家化的私人机构发行货币，而没有国家的统一管理，很难保证其货币总量与可交换社会财富的对应。这也是哈耶克构想难以落实的根本原因。

另外，在当今世界仍以国家主权独立与自治为基本架构和治理体系的现实情况下，要创造完全去中心、去中介的，充分民主自由，甚至人人自组织、人人可发币、人人自金融的美好社会，只能是脱离现实的乌托邦思维。

但是，阻止通货膨胀是没错的，在世界各国滥印货币愈演愈烈的今天，重新审视这本书正当其时。如此，我们也有了些从另一层面回答前述问题的自信。

货币究竟能否非国家化？这不是能不能的问题，而是已经是个事实。没错，这就是比特币等数字货币，尽管大多数政府并不承认它。可能有不少人提出过这样的疑问：在政府不明确表态支持各种Token的情况下，持有代币的人怎么去交易？会不会很麻烦？这种担心其实是多余的。以比特币为例，它一开始就是全球化的，美国人、中国人、日本人、英国人、法国人，以及所有很多连名也叫不来的国家的公民，随时随地都可以在链上交易，把他们的代币变成与真金白银挂钩的美元。从某种意义上说，比特币就相当于全球的新央行，它的影响力已经无所不在。在这种情况下，各主权国家要做的，显然不是把已经生下来的孩子塞回肚子里，而且把他抚养长大。

　　以中国政府为例，央行早就放出了发行数字货币的消息。尽管央行将比特币定义为一种特定的虚拟商品，与链圈的认知存在较大差别，但其利处仍明显大于弊端。简单来说，这至少有以下九大好处：一、降低传统纸币制造和流通成本；二、强化央行反欺诈、反洗钱、反假币等职能；三、固化单位和个人税基；四、加强货币总量与货币流向的控制力；五、打造全新的支付体系，助力普惠金融；六、建设全新的金融基础设施；七、有利于抢占贸易战先机；八、完善现有支付体系；九、封杀非法数字货币的生存空间。

5. 区块链与宏观经济学：生产力关系重构

略微懂点经济学的人，大概都听说过凯恩斯这个人。作为现代西方最具影响力的经济学家之一，他创立的宏观经济学与弗洛伊德创立的精神分析法和爱因斯坦发现的相对论，一并被称作20世纪人类知识界三大革命。与此同时，人们把凯恩斯的经典著作《就业、利息和货币通论》，与马克思的《资本论》和亚当·斯密的《国富论》认作资本主义世界三大经典经济学理论。后来，凯恩斯还与其追随者共同构成了在理论和政策上具备广泛影响的凯恩斯学派，或称凯恩斯主义。

凯恩斯主义一度占据世界经济舞台上的统治地位，无论是国外还是国内。然而，具体到宏观经济学，它毕竟只是经济学中的一个分支，而且它不能研究一般经济规律与宏观经济领域的特殊经济规律，甚至不能成为一门真正上的学科，所以又被人们称为"就业理论"与"收入理论"。宏观经济学的问题，就在于它把宏观经济领域与微观经济领域割裂开来研究，而使用它的人，又往往把它最重要的建议"适当运用政策"执行过度，以至于自相矛盾。

宏观经济学最关注的一个问题可能就是就业问题，就业问题的背后则是失业问题，以及失业后的游荡问题。这里面存在一个三难问题，那就是"你不救济，他就游荡""你游荡，他就不救济"以及"你救济了，他也游荡"。这不是学术的问题，而是社会本身的问题。一味地追求有效性与整齐划一，反而会带来更大的问题。不过，在区块链技术的加持下，这种问题以及各种社会问题在未来可望得到有效解决或改善。

其实，只要梳理各大经济学宗派的理论都能发现，很多理论体系的基本假设或前提，在未来，当区块链技术成熟后，它们都可能会不再成立，由此将带来整个理论体系的巨大变革。

社会在变，特别是年轻人，如果说以前人们总是梦想做全中国某领域最优秀的人的话，现在的人年轻则动辄会说：我要做全世界某领域的第一人。这是认知带来的变化，而造就这种认知变化的因素，很大程度上就是科学技术，尤其是互联网。互联网飞速发展，技术反复迭代，使得相应个体在整体中的贡献率日增，但是相适应的结构关系、所得分配并没有多大变化，即使是最先进的互联网公司，个体和组织依然是传统的雇主与被雇关系，所得分配依然不能反应贡献比率。生产关系不平衡已随处可见，中心化组织和超强个体之间的关系不平衡已成为非常突出的矛盾。简言之，那种建立在农业与重工业基础上的社会生产关系已不适合目前生产力的发展，甚至严重束缚生产力，扼杀创新，所以变革即在眼前。

区块链的出现，则给当前生产关系的重建、变革带来希望。我们知道，它最大的特点就是去中心化与信任机制。说白了，目前阻滞生产力发展的最大原因也正是中心化组织和失信。中心化组织过大、臃肿、腐败、链条反应迟钝、垄断资源，必须遏制创新，阻碍很多可能性。而发展必须要百花齐放、包容各种可能性，鼓励创新，只有创新才能可持续发展，才能引领增长和驱动经济发展。

进一步说，区块链不仅会重新定义生产关系，它本身也是一种生产力。改革开放之初，邓小平同志就基于马克思主义基本原理，提出了"科学技术是第一生产力"的伟大论断。区块链难道不属于科学技术吗？它当然是科学技术，因此也毫无疑问是生产力。这是根本问题，所以在进行区块链实践和探索过程中，我们不能一昧追求经济价值和眼前利益，需要深入思考以区块链为代表的科学技术对于社会生产力和生产关系的影响，从更高层次、更多维度认知区块链，从而更好地应用区块链，促进社会生产和价值创造。

6. 区块链与财富再分配理论：财富和价值将再次分配

谈及财富再分配理论，不得不说说当前中国财富的分配现状。

我们知道，最健康的社会是橄榄型，中间是庞大的中产，两端是少量的富翁和穷人。现在中国的社会结构肯定不是橄榄型，也不是相对稳定的金字塔形，而是呈现倒T型，底层庞大，拥有占比很小的财富，而拥有巨富的那一竖同样占比极小。这种结构就好比一根柱子支撑起一座房子，非常不稳，风险显而易见。

简单来说，现在资本在国民财富初次分配中占比太大了，而劳动在分配中的占比过小。试想一下，如果终其一生都无法改善这种状况，人们会怎么做？绝大多数人都会尝试加入一个游戏——财富再分配的游戏。比如资本市场，参与者为了各自的憧憬，调动全部资源与聪明才智，充分博弈，你来我往，一忽儿收获，一忽儿损失，心脏狂跳，确实刺激。刺激之后，社会财富一般就发生了变化，完成了二次分配。当然，这个分配依然是严重失衡的：大多数人的荷包要瘪一瘪，少数人的荷包才会鼓起来。

吴敬琏先生是我非常佩服的经济学家，他曾将中国股市形容为一个赌场，诸如坐庄、炒作、操纵股价等活动登峰造极，由此实现的财富转移及再分配数字有多少谁也说不清。创业板设立当天就造就了13位10亿级富翁，北京银行上市首日便造就了千万富翁78人，南京银行上市一天也造就了66名百万富翁，宁波银行上市则造就了7名亿万富翁级高管。这是谁造就的？当然是成千上万苦不堪言的小散。

再比如炒房，房产早已成为财富再次分配的"利器"，有见识的人至少在十年以前就看到了这一点。房产的居住属性一再被弱化，而投资属性被过分强化，成为财富再分配的途径。由于房价涨速过快，拥有资本和房产的富人更富，穷人更穷。这就是目前房地产的现状。房地产自从投资属性占了上风甚至开始主导之后，投机就时刻不停地尾随其后，自此房地产的问题也就越来越严重。尽管政府频频出台各种政策做宏观调控，然而政府在财富再分配这个问题上面能够动用的资源是很有限的，有时甚至只能是拆东墙补西墙，进行腾挪的空间很小。

创业当然也是实现财富再分配的主要途径，也是应该提倡的。我是一个创业的老兵，早在1997年就创立了中国第一个PC的应用社区；2001年，我参与创立了中国最早的一个网络游戏公司；2007年，我去美国，创立了中国第一个安卓的开发者平台机锋网；2016年，我拿到了真格的投资，创立了一家人工智能的公司；在2017年，我创立了新的区块链社区BAIC。在这个过程当中，我从来没有感受过像区块链这样带给我这么大的冲击和影响力。回首我将近20年的创业历史，我做过软件、硬件、手机、游戏和内容。但是真正将这些元素串在一起，能够给我们带来更加美好生活的，还是区块链。

2017年，曾经有过一个关于人工智能与财富再分配的话题，具体地说是如果应用人工智能，能否解决贫富差距？在日内瓦的相关峰会上，专家、学者、政策制定者和人道主义者们进行了激烈的讨论。答案就是不现实。首先，鼓励机构或大公司开发有益于大众的人工智能系统本身就很可笑，毕竟，大家都需要面对一个问题：钱在哪里？

事实上，所有新技术的问世与采用，都伴随着一场财富再分配，它们会产生另外一种不等式，会让那些旧技术的使用者受到技术的排斥，同时掌握新技术还需要确定的学习能力和获取人力资本的能力，因此那些最初能力较差的人通常不会受惠于新技术，反而会深受其害。譬如，最近一则新闻说京东开始应用无人机配送，将大量节约人力成本。问题是，这将被节约下来的人力成本会怎样？失业吗？我们当然不反对新技术，但任何技术都不能太冰冷，都应该具备人文关怀。

我们反复讲过，就像以前毛主席带领我们去打地主分田地，区块链将带领大家将本来属于我们的财富，也就是数据资产夺回来，帮我们拥有在未来的经济世界最有价值的东西——数据。在未来，每个人都会拥有一份全新并且谁也无法侵夺的权利，叫"数据投资权"，也就是说，在未来我们会用个人数据参与到未来的经济活动当中，获得在此过程中所产生的收益的分配权。这是区块链最有意义的地方。

第四章

区块链下的消费经济

1. 中国进入新消费时代

在新中国历史上，包括改革开放以后很长一段时间内，我们长期处在短缺经济之中。买什么都要凭票，吃粮要粮票，穿衣要布票，吸烟要烟票，喝酒就得有酒票，就连一分钱一盒的火柴，也要有火柴票……民以食为天，以最为基本的消费品粮食为例，1984年，深圳市率先在全国范围内取消了粮票，但新政策还没实施，过惯了"票日子"的人们就大为恐慌，纷纷到粮站排队购买粮油。至于全国范围的取消票证、放开购买，还要迟至1993年。彼时，改革开放已经十几年了。

商品凭票证供应，源于商品供不应求。在那个物质短缺的年代，手表、自行车、缝纫机堪称大件，不仅需要相应金贵的票证，还要托人购买。现在，以往那种排队购物的历史已经结束，全都得益于改革开放、转轨定向带来的商品经济大发展。与此同时，中国在不知不觉中已步入了消费新时代。

早在2016年，中国消费占GDP比重已超过六成，接近美国和日本，完成了从投资生产型社会到消费型社会的跨越。与此同时，这一过程伴随着数字化和技术的突飞猛进，以电商为主打的新零售模式、新消费观念等发展程度远超世界上大多数国家，意义非凡。

研究表明，中国消费者群体目前呈现出四大关键趋势：一、对国家经济前景及自身消费力充满信心，但其消费力受到来自家庭债务、收入增

第四章 区块链下的消费经济

长、房价及中国老龄化进程等几方面的影响;二、中国消费者比以往更加注重健康,愿意为之付费,但不同消费者对健康的定义各不相同;三、以"90后"消费者为代表的新群体正在成为消费新引擎,并且具有鲜明的多样性;四、消费者对品牌及其归属地的认知更加细致。

在新消费时代,行业玩家们一方面需要从更深层次读懂和取悦消费者,另一方面需要借助技术。

首先,在竞争愈演愈烈,赢家通吃市场的当下,谁更能精准洞悉消费者心理和行为,更能满足其需求,就更有机会赢取他们的心。简而言之,也就是众所周知的用户思维。如果真是这样的话,当然是好的,问题在于事实远不是那么回事。如前所述,客户即上帝的道理商家都懂,但客户是客户,用户是用户,二者不能混为一谈。客户是付钱的人,但未必是最终的使用者,用户是最终的使用者却未必付钱。举个众所周知的例子——礼品市场,一向都是买的人不用,用的人不买。对此,用户思维的提出有其合理的一面,但它依然是片面的。用户思维是手段,客户思维是目的,"买方链思维"才是真正地站在买方立场。

现在,供给侧改革如火如荼,相对于供方来说,购买者、使用者、维护者、决策者、推荐者、影响者等这些角色都属于买方,他们共同构成了"买方链"。链中每个角色的需求和关注点都是多元的,有时甚至是矛盾的,比如学生可能会喜欢更适合玩游戏的电子产品,但父母肯定不喜欢,企业要尽可能照顾到每个角色的价值诉求,虽说不可能完全做到所有人都满意,但必须超越客户和用户思维,关注买方链的整体需求、体验,关注真正的、全方位的价值。

其次便是技术。马云曾经坦言,他理解的互联网思维就是九个字——

跨界、大数据、简捷、整合。其中的关键是什么呢？大数据。所谓大数据，就是一切皆是数据。你买了中国移动的手机号，你的名字就保存在了中国移动的数据库中。你实名注册了微信号，你就是腾讯公司的数据。所有做互联网+的企业最热衷的事情就是让人注册他们的APP，为的就是建立自己的数据库。数据库就是资源库，除了从中筛选客户，精准推销，相关分析人员还可以通过对大数据的分析，了解自己公司的盈亏乃至整个行业的兴衰。另外，在物质极大丰富、竞争日益激烈且用户需求日益个性化、差异化的互联网时代，大一统的标准化产品往往不再容易获取用户的青睐，通过对目标客群行为习惯的数据收集、分析不仅可以更好地把握其偏好，也可以更好地满足其个性化需求。

  大数据属于科技零售的范畴，这并不是个多么新鲜的概念，十几年前，沃尔玛的大数据处理能力已达到了仅次于美国五角大楼的程度，作为一个零售商，它很早就开始租用卫星传输自己的全球商业数据。今天的大数据和过去有所不同，过去的零售商在处理大数据能力中更多是用自己的供应链和C端的客户服务，今天则是以亚马逊为代表的科技零售方向，它的变现模式更多体现在对B端的收取、对B端的盈利。但仅仅做到这些还不够，顶多算是从客户思维进化到了用户思维，还远不是买方链思维。简单来说，沃尔玛也好，亚马逊也罢，都还仅仅是站在自己的立场应用、运用大数据，都还是中心化的思维，其潜台词仍是将用置于被支配的地位，在有钱买不到商品的时代这可以，但严重不符合这个商品过剩的时代。所以毫不夸张地说，今天的零售商们，能不能最终活下来，全看它们能不能对区块链思维做出正确的解读。

2. 消费经济下的消费观念

网上有个段子说：遇见姓马的人，一定要好好珍惜，因为他们都很厉害。比如马克思，他改变了我们的思想；比如马化腾，他改变了我们的交流方式；比如马云，他改变了我们的消费观念……这虽然是个笑话，但也不是空口无凭，BAT三巨头，确实有两位姓马，生活中我们也离不开这两位的产品了，假如突然间没有了微信和马云，大家肯定会很不适应。

特别是支付宝，还被一些外国友人评为中国新四大发明之首。2017年8月，新加坡总理李显龙还专门在演讲时讲了一个故事，旨在说明一度在各方面都很先进的新加坡，在某些方面已经落后中国一些智慧城市：那是几年前，新加坡人力部长林瑞生来上海时，看到上海街头人们排队买栗子，他们只摇晃了一下手机，没有付现金就拿走了栗子。林瑞生初时以为这是有什么特别优惠，于是轮到他时，他对小贩说"我不用优惠，我会全价付款"，结果当然不是什么优惠，而是人们在用支付软件扫描小贩的二维码，这让林先生觉得自己就像个乡巴佬。

事实上，这种变化是全方位的，林先生在街头遇到的一幕，充其量是冰山一角。如果告诉他，在中国广大地区广泛存在着一大批"剁手族"，每到发工资的日子，便迫不及待地买买买，每天拿快递拿到手软……他还不得惊掉了下巴！

消费是人类生活的重要内容，消费的内容、方式和观念具有鲜明的时代特征。正以前所未有的速度和规模进行深刻转型的中国经济，在高速增长的浪潮化中，推动着国民收入水平显著提升，也缔造了一个适应这种提升的拥有消费力的新兴中产阶层。商务部数据显示，仅2015年，中国游客在境外消费额度就达到1.2万亿元；同年，中国人买走了全球46%的奢侈品……这些现象并不完全是负面的，客观来看，它意味着中国家庭的购买力显著提升，以及相应家庭对品质生活的强烈要求。这是一场品质革命。

根据世界银行购买力评价的定义，十年之内，会有至少一半的中国城市家庭有望晋升中产。暂时不能晋升者也不必悲观，中国必将跨越某些国家注定不能跨越的中等收入陷阱，更具个性、更趋成熟的消费者正在中国快速成长。没有什么比这更能影响人们的消费观念。你囊中羞涩时与你有一大笔存款时的想法肯定不一样，不要一味地要求年轻人如何如何，正像他们说的那样——年代真的不同了。枉顾这一事实，任何说教都是没有意义的。

曾几何时，人们还在借用那个老少皆知的中国老太太与美国老太太买房的故事鼓励人们超前消费，而今天，抛开年轻一代身上的消费观念是否有必要提领指正不谈，其消费观念早已悄然改变是不争的事实。他们的消费心理、行为、品位、格调及激情，都显得那么前卫。他们是消费观念上的享乐主义者、社会阶梯上的地位追求者、生活方式上的品位制造者，他们是时代的主人翁，在社会发展与时尚兴替中执着地寻求自我，而不是像他们的父辈那样，仅仅满足于吃饱穿暖等最基本的生活需要。

马斯洛的需求理论告诉我们，当金字塔的底层被满足之后，人会自然而然地向往尊重和自我实现，而这就导向了张扬自我、追求个性的消费理念。数据显示，至少有90%的消费者愿意为个性化的设计买单，这在以前是无法想象的。如果说经历过时艰的老一辈身上具备我们不能忘却的克制、节俭等美德，那么当下的社会中坚层则更倾向于活在未来。

前所未有的消费习惯、全新的生活方式，源自于他们本身的全新：首先，他们大多受过良好的教育，普遍拥有较高的学历；其次，他们有将文化资本转化为现实资本的能力；最后，也是最重要的，他们愿意消费，并且愿意为价值付费，当然，如果不让他们物有所值的话，他们也会捍卫自己的价值观，而不是息事宁人，忍忍算了。

区块链行业也大多是这些人，在过去几年，他们搭建起了一条全新的生态链，绵密地织就了一张无形的网，借助无处不在的互联网，展现出前所未有的生命力。任何研究区块链的人都需明白，他们才是区块链的本体；任何研究区块链的人也需明白，不对他们做足够的研究，那么对区块链的研究，无异于空谈。

3. 个人数据价值链

在2016年年底至2017年，我和我的团队曾推出过一个语音网关方面的产品，推送给用户后，发现接受度并不高，究其原因，主要是它对用户来说并非刚需。找到原因的同时，我们还发现，在相关的智能设备中蕴含着巨大的数据价值，例如一个智能炉灶的用户，用户每天晚上7点钟打开它，或许只使用了2分钟就关掉了，但我们可以从相关数据中判断该用户的身份特征和生活习惯。还是那句话——刚需——虽然他只使用2分钟，但每天都要用。不过在现阶段，用户自己并没有认识到这些数据的价值，甚至认为智能对他而言并无意义，实际上很多企业却在依靠这些数据获得利益。

譬如前些日子颇受关注的"大数据杀熟"事件。所谓大数据杀熟，是指在购买产品或服务时，一般人们心中默认的规则是：老客户会相对便宜、VIP用户会相对价格更低。然而最近却出现了一个怪现象：同样的商品或者服务，老客户看到的价格反而比新客户要贵很多，这在互联网行业被叫作"大数据杀熟"。在机票、酒店、电影、电商、出行等多个价格有波动的平台上，都存在类似情况，特别是在线旅游平台。这除了破坏行业生态之外，其实也涉及价格欺诈。

前面我们曾经反复夸奖过马云及其支付宝团队，但在今年年初，支付宝个性化年度账单也曾引发大数据信任危机。这些事件把大数据时代普通消费者的弱势处境暴露无遗，大数据采集非常简单粗暴，下载一个APP应用，需要把通讯录、照片等完全开放，目的就在于掌握海量数据，对公众生活轨迹和消费偏好做到精准打击，让个人在科技面前无处隐身。

当然，大数据技术本身是中性的，面向万物互联的未来，大数据的深度利用与广泛共享是大势所趋，数据正在极大地改变人们的生活，而我们要做的，就是让它只在好的方面改变我们的生活。

2017年下半年，伴随比特币一路高涨，其背后的区块链技术从真正意义上进入了科技从业者的视野中。正是在与区块链技术融合过程中，我们团队发现了智能设备捕获的数据对于用户本身的价值。在我看来，区块链技术为用户赋予了一个动机，能将用户的数据价值化。简单来说就是，用户可以通过智能设备，采集自己的数据，并通过区块链进行确权，进而从自己的数据中获得利益。此前，没有人认为个人数据是有价值的，包括苹果、百度、小米等公司，对用户数据随心所欲。基于此，我卖掉了美国的房子，回国创建了 BAIC 社区。

围绕 BAIC 价值链，有以下几个维度可以挖掘：

第一是个人维度，我们希望能够建立一个"个人数据银行"，同国内外的数据挖掘、数据分析公司，建立生活模型，在链上实现"数字人类"，人类的一切爱好、习惯都能够用数字的方式保存在区块链上，并和其他人产生关系，我在这里姑且把它称之为"区块链数据身份"。

第二是IoT 维度，BAIC 希望目前市场上所有基于智能、基于数据采集的企业，如智能硬件、智能家居、车联网、智慧社区、智慧医院、智慧城市等企业深度合作，将数据汇总到这条价值链上，同时共享价值。

第三是AI应用维度，目前的AI应用研发公司很少能够合法、合规地拿到所需数据,但用户希望得到更为智能的AI应用,更智能意味着需要有更多、更有效的数据来源,这两者的矛盾在现有技术条件下无法调和,BAIC无疑是解决问题的一种方法。

第四是数据交易维度,基于区块链的智能合约,建设数据交易平台,早期以广告主的交易为立主,后期可以将医院、金融机构、商业服务公司等采购数据的机构纳入进来,完成其研发需要。

总的来说,区块链技术的发展能够改变人类现有的消费模式和消费观念。我们接着前面那个例子往下说,此前用户购买了一个智能炉灶,作为一个消费品,其使用价值是随着时间的增加而不断减弱的。区块链介入后,从前的消费品变成了数据采集器或者产生者,随着时间的增加会源源不断产生可用于交易的数据。也就是说,传统消费模式下的消耗品,现在可以帮你赚钱。

目前,与BAIC进行合作的企业包括乐心手环、力博得、格兰仕、美的、科大讯飞、云知声、三角兽等知名企业。也已经有一大批用户,非常热衷于使用BAIC的产品和服务,不管出于利益动机也好,还是出于未来数据价值信仰的认同也好,我们认为,越早加入进来,参与者就能越早享受到数据的收益,享受到区块链的便利。

4. 区块链与数据投资权

通过上面的内容，有心的读者已经大致可以梳理出一条科技轨迹，即区块链将改造物联网，建立人类新数据时代，当相关应用全方位落地后，全新的价值交换体系也将确立，在全新的物联网上，万物均可产生数据，万物均可产生收益。

在未来，互联网将从信息互联网转变到价值互联网，免费的互联网将被颠覆，个人数据将成为新的财富基础。诸如"免费的才是最贵的""羊毛出在猪身上狗买单"等理论将失去立足之地，付出就有回报，得到必须付出。

前面曾经讲过我的创业之路，这里讲讲我的未来之路。1996年，比尔·盖茨写过一本同名书，即《未来之路》，我读完后有了非常大的触动，当时差不多也是互联网元年。受此影响，第二年我就创立了当时中国第一个硬件PC网站，我把它命名为"飞翔鸟"。此后，从网站到网游，从电商到智能企业，再到移动互联网，我全都飞遍了，也全都经历了。但直到去年深度介入区块链，我才真正重新点燃了二十几年前的创业激情。我相信，令我兴奋不已的区块链，也会带给所有人一个崭新的未来。

在《未来之路》中，比尔·盖茨描述了两个场景，其一是家庭成员之间可以用电脑钱包进行转账，比如用电脑钱包给自己的孩子转零用钱。那时是1996年，支付宝都不知道在什么地方，但比尔·盖茨已经想到了这点，而且这还不是支付宝的技术，而是加密货币钱包干的事情。其二，当一对中年夫妇和一对年轻的夫妇，在各自家里看相同的电视节目时，中年夫妇看到的是与退休理财相关的广告，年轻的夫妇看到的则是度假产品。今天看来这是基于大数据的想象，这在互联网高度发达的今天依然没有办法实现，但区块链可以让我们实现。

受此启发，我们创立了BAIC，借助AI、互联网和云计算，我们形成了BAIC的供应链服务。如前所述，它能够让我们所有参与者的所有消费，获得投资权与收益权，我在这里姑且将它们称之为消费投资权和数据投资权，相信未来会有很多人认可它、借用它。

简单来说，我们希望通过互联网，通过区块链，让我们的人民享有、拥有未来最有价值的资产，也就是个人数据，将真正的价值和财富从原来的股东手里转移到消费者当中。我们希望让我们的消费者通过个人数据的上链，通过个人数据的交易，来对自己的数据做一个定价，通过这个区块链的模式，通过完成数据的价值实现，激活一个全新的物联网。从今天开始，不会等太久，我们必然会建立起一个新人类的数据生态，这是区块链带给物联网最大的价值和意义。

用户可以在一定范围内对自己的数据进行定权，给它定个合理的价格，允许它在授权的时间内，价值的允许内随意使用。借助私钥，基于区块链进行存储，存在于链上；同时借助其不可篡改性，通过智能合约，跟数据买主建立一个永恒的契约，双方谁也不能违背，既实现了数据的安全，又保证数据本身的价值变现。数据本身可以存储在世界各个角落，你可以用分布式，也可以用中心化，这不是关键，关键是唯一的钥匙在你手里。

这有点像电影《黑客帝国》中的场景，你要去找一把钥匙，去开启一扇门，才能拯救师父。拍《黑客帝国》时还没有区块链，但导演非常厉害，里面所有的思想今天看来都与区块链异曲同工。未来也是这样，你的数据财富在区块链上，也在一道门的后面，你不知道这道门通向何方，也不知道这道门后面是怎样的场景，只有你拿着对应的钥匙，去开启对应的门，才能找到真正属于自己的财富和属于自己的数据价值。

在区块链模式下，万物都可以为用户产生数据，也就能够产生收益。我们再讲一个真实的案例。比如家家户户都有的冰箱，把它稍加改造，成为一台内置摄像头的智能冰箱，里面的摄像头便能通过AI确定冰箱里减少的鸡蛋个数，随之进行相应的授权，如它可以把这个授权交给每日优鲜，每日优鲜随即会推送相应的广告给冰箱，然后按照相应的智能合约下订单、送货，既满足了消费，又充分智能化。

怎么来赚钱呢？我们基于供应链搭建起了广告撮合平台，形成了个人的数据身份，广告主可以通过Token来付费发布广告，用户可以通过观看广告获得Token，最终将Token进行变现。以此类推，区块链未来会成为个人最有价值的资产，包括吃喝玩乐在内的所有事情都会上链，都会成为我们在平行世界当中的权益与收益。

5. 股东利益和消费者利益

互联网+的热潮渐行渐远，无论是资本，还是消费，都在探索，都在追问：未来的发展方向是什么？

答案我们已经回答了无数遍：当消费者不再满足于单纯的"买买买"，开始注重购物的体验，并思考购物带来的价值，企业便不能再局限于售卖一个产品，而是必须在售卖的同时为消费者提供一种全新的体验，并在提高消费升级的基础上，给消费者真真正正的价值，实实在在的利益。

传统思维中，我们认为技术为王。然而有很多企业，他们的产品未必不好，技术未必落伍，很多产品还很不错，还拥有多项国家专利。也不是企业的老板不敬业，员工没有认同感，销售没有三板斧，但产品偏偏就打不开市场，技术优势无法形成市场优势。所以说，光靠掌握优势远远不够，还要把握趋势。

根据《麦肯锡中国消费者调研报告》的研究，当前日渐成熟的中国消费者正在加速现代化进程。以前人们是买到什么是什么，不加选择也没的选择，而现在，人们越来越重视均衡、健康和价值。相对来说，中国商家则大多找不着北，有些人提出了所谓打造"共赢生态圈"，然而极具讽刺的是，这个共赢圈里完全没有考虑消费者，有的只是品牌厂商、省级代理商、经销商、终端零售渠道以及关联企业。这样的企业，在一时之间并不难创造最大的利润，但它的系统并不完善，它的链条并不坚固，它的战略

第四章　区块链下的消费经济

还是过于保守，它的格局还是过于中心化。

只有把所有潜在的消费者算进来，整个系统才有源源不断的动力源，整个产业链条才能有条不紊地运转，才能迎合下一个产业革命的到来。对那些产品同质化的企业来说，这一点就更加重要了。在自身经济实力相对较弱的情况下，找到一个支点，唤起消费者的参与感无比重要。这个支点，就是利益，确切地说是自身利益，更确切地说是Token。

我曾经谈到，完全的去中心化是一种理想主义。因为从人性角度来看，如果人真的可以自治的话，那么我们就不需要法律法规，也不需要政府。但完全自治本身就是违背人性，因为人性都是从自己的角度出发。因此基于这个点，纯粹的去中心化是不存在的。但在纯粹的去中心化里面的Token却拥有最大的应用价值。所以我理解的去中心化与某些人不同，我理解的去中心化，就是把Token去中心化，让它能够流转，这就已经足够了。

我们可以举一个矿泉水的例子。我们知道，欧洲有个非常著名的矿泉水品牌——依云，这水当然非常好，但真正好到什么程度呢，其实也就那样。只不过如今污染严重，依云的水源地保护得非常好而已。如果大家都能做好环保，世界上绝大多数地区的水源地都可以像它一样好。假设一瓶依云矿泉水售价是10元，我们每购买一瓶依云，至少会贡献2元钱的利润给依云的股东。你可以说这是他们应得的，但也可以说不是，因为水嘛，都是大自然的资源，做几个瓶子，随便装就好，要不了那么贵。如果你们把中间的巨额利润拿去做些慈善与公益，我们也就忍了，问题是它们全部装进了私人的腰包，并且隔三岔五嚷嚷提价，认为我们钱多人傻。基于此，有人开发了另一个矿泉水品牌，它的知名度可能远远不及依云，如果也卖10元每瓶的话，消费者基本上不会买账。但如果对它进行区块链模式的改造——链改，情况就不同了。比如，这个新品牌推出了一个策略，保证每购买一瓶矿泉水，就按照2元的利润来换成Token，代表这家公司的原始股。也就是说，消费者每购买一瓶水，就可以得到2元钱的资产证券化的部分。那么，消费者就会产生一个共识：如果我们都消费这个品牌的矿泉水，品牌价值就会迅速扩大，市值也会增长，如果市值扩大100倍，那么Token的相应价值也会增加100倍。在这样的增值过程中，企业并没有失去什么，消费者分得的只是企业在成长壮大过程中的部分权益。当这种情景发生的时候，传统市场中的依云市值就会下跌，除非它及早进行区块链模式的改造，否则消费者迟早会意识到，购买别的矿泉水是在给自己贡献利润，而买依云仅仅是高消费。

6. 不做接盘侠的90后

曾几何时，作为一个族群，80后曾广受质疑；如今，80后俨然已是社会中坚。属于他们的那份质疑，被转移到了90后身上：依赖网络、手机控、动手能力差、集体意识不够、耐心不足、嫉妒心强、敏感、脆弱……90后算是被骂惨了。然而，批评他们的人本身难道就没有问题吗？90后，不仅是未来消费投资者的主力，也可能是中国最正常的一代人。

批评90后的那批人，不出意外的话就是当年批评80后的那些人，这些人并不是真的关注青年人成长，而是为批评而批评。毫不夸张地说，90后的素质普遍比上几代人要好。原因很简单，他们所处的时代和所受的教育超过以往。以前是啥年代？封闭、保守、落后。现在情况完全不一样，经济发展虽仍有不足，但不断进步毋庸置疑。所谓仓廪实而知礼节，衣食足而知荣辱。举个小例子，生活中我见过不少随地吐痰的老人和油腻的中年人，但几乎没怎么见过90后随地吐痰。

90后大多追求平等，崇尚自由，思想解放。他们受过的教育普遍高于60后、70后与80后，总体素质更高，决定了他们走上社会会有更多要求和更高追求，会成为未来高科技比拼中行业乃至全民族的中坚力量。他们处在改革开放的大时代背景之下，也处在PC互联网与移动互联网普遍流行的时代，同时站在人工智能、物联网与区块链技术的最前沿。

对于区块链中的币圈,数据显示,在这个领域第一波赚钱的主力军之一恰恰也是90后。因为90后接受新事物快,观念开放大胆,敢于实践。当一些不良分子开始忽悠中国大妈及中老年人炒币的时候,一部分90后已经追逐到了这个新领域带给他们的红利。

时代在变化,在剧烈地变化,但几乎所有的传统行业都不欢迎90后,他们的父辈已经把持了那片江山,在传统行业他们的父辈们更有经验,更有积累。90后踏进社会,进入这些已经过于饱和的传统行业,缺乏巨大的竞争力。但年轻有年轻的好处,年轻人容易认可并追求新鲜事物,90后接触新事物会比父辈们更快。如果说有什么美中不足的话,那也正是我在这里要告诫所有90后的,那就是:作为年轻人,不要过多地、一味地追求财富,财富从来不完全等同于物质,一定要踏实做事,不要忘记初心。其实我知道很多年轻人开始时都是想好好做事的,只是在金钱的诱惑之下动摇了初心。但这不仅仅是90后的事情,这种浮躁是全社会的,90后只是缺了些他们由于年轻而必然会缺乏的定力。

就我所认识的几个币圈90后小友而言,他们对区块链及Token的信仰都称得上坚定。用他们的话说,要先相信才能看到。打比方说,没有人能提前看到明天的太阳,但你一定要相信它肯定会升起来。你想早一点看到太阳吗?那就往东走。大家不要焦虑,区块链有它固有的价值。以比特币为例,它已经被死亡了100多次,但每一次都能东山再起。它不同于郁金香泡沫,那些经济泡沫只要消失便一切归零,区块链是一种实实在在的技术,它只是还在路上,还在跌宕起伏中成长罢了。泡沫肯定会有,重要的是理性地看待并且谨慎地去泡沫,不能一棒子打死,就像世人不能带着成见看待成长中的90后。

90后是最幸福的一代，一定程度上也是最缺乏财富机遇的一代。房子归60后，股票归70后，新兴行业是80后的天下。唯有区块链，给90后提供了机会。我们绝不是怂恿大家去炒币。相反，我们还要强调，投资有风险，对币圈的任何投资都属于高风险，哪怕你付出的仅仅是时间和精力，不炒币，只挖矿。但如果像我们设计的那样，像一些已经参与到我们当中的一些90后一样，只在正常消费的同时获取Token，在立足当下的前提上进行对未来的投资，又有多大的风险？

第五章

区块链下的营销革命

1. 从痛点营销到价值营销

营销的重要性怎么说都不为过。

对一家企业来说,当务之急就是打开市场,卖出产品收回钱。销售做不好,企业也就做不好。产品卖不动,企业也就转不动。然而,很多企业即便把销售人员加到极限,市场依然打不开。

针对营销之痛,有人提出了痛点营销。来看下面这张图:

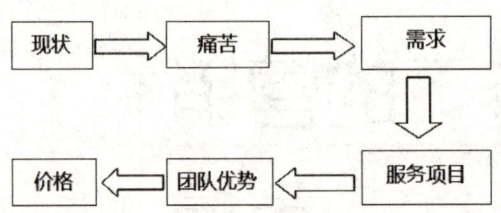

它是产品研发的六大关键,理解了它们,也就抓住了传统营销的命脉。"现状"是客观存在的,分析现状的过程就是市场调研的过程,我们从中可以看到机会和风险,也能确定产品研发方向。过程中,重点是要客观和全面,这是第一步也是整个流程的基础。分析"现状"也是为了找到客户的痛点,而"痛苦"是相对的,选择的角度不同得到的结果也不同,研发产品时要站在客户的角度考虑,有痛苦的地方就有"需求"。找到了"需求"就等于找到了市场,根据"需求"确定对应的"服务项目",进而组建匹配的团队,建立"团队优势",就具有了市场价值,并最终形成"价格"体系。

我们换一种表述方式的话，痛点营销就是针对消费者在体验产品或服务过程中，因为期望未得到满足，从而造成的心理落差、不满及痛苦，给目标消费者制造出一种不容错过的感觉，让他觉得不买你的产品和服务就会很"痛"。或者说，企业要学会制造让消费者足够满意和愉悦的痒点与兴奋点，然后再制造一些痛点，让他感觉购买肯定开心，不购买就会后悔，从而激发消费者的购买欲，达成企业营销的目的。

这样说，做惯了消费者的我们总算明白了：原来痛点营销解决的不是消费者的痛点，而是商家的痛点。没错，所以不管那些所谓的销售专家们讲得如何天花乱坠，痛点营销都已经是过时的思维，迟早会被市场所抛弃。

价值营销才是企业真正的出路，才是企业真正成功的关键所在。

最初，价值营销是针对价格战提出的。价值营销并没有整齐划一的定义，它也不需要，因为价值营销本质上就是"营销"，而营销实质上也就是对价值的"营销"。如果有人以一元钱的价格卖给你一瓶矿泉水，你会觉得这很正常，因为一瓶矿泉水有其价值并且大抵上值一元钱；但如果有人以同样的价格卖给你一罐空气，这基本上就是骗人了。同样的道理，如果有人以1000美元卖给你一枚比特币，你也是赚的；但如果有人哪怕以1美元的价格卖给你1万枚空气币，你也是亏的。价值是所有经济行为的核心与立足点，也是逻辑的终点。从企业、顾客、社会等各种不同视角出发，在不同的历史阶段和管理情景下，在企业管理的不同层次上，在任何情况下都是如此。不考虑价值，所有的命题都是伪命题。不给出价值，所有的营销都相当于骗局。

最初提出"价值营销"的人是美国人多伊尔，但她的范式是以股东价值最大化为评价标准的。如前所述，这是狭隘的理论，因为它直接把消费者放在一边，当作韭菜。所以，我们必须在此基础上更进一步，引入区块链思维，重塑价值营销理论。

传统的价值营销实操主要有四个步骤，即价值发现、价值重估、价值匹配和价值点睛。其实大可以把它简化成两步，即价值匹配与价值吸引。

价值匹配要求企业建立并践行以目标消费者为中心的观念，一切以满足目标顾客出发，寻找顾客最需要的价值并且是突出价值，将商品价值与顾客需求相匹配，才能顺利连通品牌价值链。我们都听过这样一句俗语："从南京到北京，买的没有卖的精。"顾客永远占不到商家的便宜，顾客的购买风险至少是商家销售风险的两倍。消费者风险大，意味着他们在购物时会前思后想，要做很久的思想博弈与抉择，乃至购买欲减退，放弃购买，特别是那些相对昂贵的商品。固然有一些聪明的商家推出了诸如终身保修等各种售后服务，以降低消费风险，但这不等于价值匹配。试问如果你卖了一件质量较差的商品给顾客，本应换货或退钱，却打擦边球，说什么终身保修，顾客岂会满意？然而很多商家正是这么做的。无论是产品，还是服务，都要有点真正的工匠精神。

价值吸引，对应传统价值营销中的价值点睛环节，指的是做好后台工作后，还需画龙点睛，说白了就是把商品的价值表达出来，让它成为顾客可感知的价值。价值自己不会说话，具体的做法通常是用一句最简短的话点出品牌价值，做到一语中的。这属于广告的范畴，如你所知，相对质量较差的商品，通过广告运营商的包装，也能吹到天上。还是那句话，价值不会自己说话，但好的产品会自己说话。当然，这一点我们刚刚已经谈到过。在做到价值匹配的基础上，在这个竞争激烈的时代，不做到物超所值，是很难做到真正吸引人的。管理学中有一个"让渡理论"，并在此基础上发展出了让渡营销，这套方法可以在一定程度帮助企业在不流失利润的同时，让消费者也得到满意的商品价值，达到双赢。我们则更进一步，提出让客户在得到满意的商品价值的同时，获得额外的投资价值，即我们反复讨论的消费投资理论。

为了帮助大家理解，这里举一下格力电器的例子：格力空调质量过硬，这是没得说的。格力空调过去10年坚持大手笔分红，也是有目共睹的。但是贸易战打响之后，董明珠提出今年不分红，要投资芯片，股市马上就先跌为敬。为什么？因为你投资芯片固然是应该的，但分红也不能少。你不能让投资者从你的发展中享受到红利，投资者就会用脚投票，用筹码投票。价值是需要体现的，也是需要提现的。同样，如果消费者可以选择，他们也一定会选择那些在提供价值匹配的产品的同时也提供足够诱人的Token的企业。未来，类似董明珠等明星企业家会发现并且认同，仅仅是提供高质量的产品还远远不够，仅仅给自己的员工提供房子还远远不够。

2. 区块链与去中介化营销

区块链不可能也没必要完全去中心化，但区块链可以也应该在很大程度上帮助我们实现去中介化。"去中心化"与"去中介化"，虽只一字之差，但含义发生了非常大的变化。

二者的具体差别，我们拿保险销售来说明一下。一般来说，保险销售人员是连接保险公司和投保人之间的中介人。由于他的存在，导致投保人购买的保险费用相比直接从互联网上购买保险费用要高，因为必须给他提供一部分收入。那么，把这个角色去掉，直接对接保险公司和投保人，这就是去中介化。那么什么是去中心化呢？首先我们要先确定这个中心，它显然就是保险公司，同样很显然的，它是不能去掉的，不然你到哪去买保险呢？

我们当前的很多商业活动都是中心化的，很多行业都存在着中介。尤其是在金融活动、房地产等不动产交易中，有权威的中心进行担保，有专业的中介或中间人进行撮合，非常必要。特别是权威中心，不仅必须存在，而且必须强大到不能倒，不然它不可靠，带来的后果极其严重。

至于中介，当然有其存在的合理性，所有的中介都需要收费不说，现实生活中还存着比比皆是的黑中介。如果中介收费公道合理，遵守公序良俗与法律，我想人们也不会动辄倡导去中介化。

互联网刚刚问世之初就曾提出过消灭一切中介的口号，然而互联网实际上只是实现了信息共享，而且还不是完全无偿，它只是起到了缩短中介的作用，只是把中介化组织从现实世界搬到了网上。互联网非但没有消灭中介，反倒缔结了更多的中介，反正就是做个网站而已。归根结蒂，互联网技术就不可能真正做到消灭中介，因为它无法制造信用，无法形成信用共识，人们便只得继续依赖各种中介。

最近几年，互联网金融问题频发，不断有人跑路，不断有人跑步进场，深层次的原因在于大家混淆了中心与中介的区别。互联网是没有中心的，大部分互联网平台只是信息中介，但每每宣传自己这背景、那权威，让人误以为它们与线下的中心金融机构如银行本质上一样。行业也好，政府也罢，其实都迫切地想打造一个可靠的中心，让无序的互联网金融中心化、有序化，然而真正做到这一点很难，不过支付宝在一定程度上做到了这点。支付宝一定程度上同时具备中介与中心的职能：我们买网商的货物时，钱不是打到网商的私人账户上，而是先打到支付宝账户，我们确认收货后，支付宝再把钱打给网商，从而保证了交易的安全。但这也导致了一些问题：支付宝大到了不能倒的程度，可万一它要是出现点什么问题呢？另外，虽然保障了资金的安全，但也迟滞了交易的即时性，因为钱要等一段时间才能到账。

没有区块链，这已经是最好的结果了。区块链技术的问世与发展则为人们提供了另一种可能，即由人工智能等技术互信，取代传统的人工信用机制，真正地实现去中介化。事实上，早在最初，比特币之父中本聪就已经指出，区块链所要取代的对象就是第三方信用中介，其原话是："我们非常需要这样一种电子支付系统，它基于密码学原理而不基于信用，使得任何达成一致的双方，能够直接进行支付，从而不需要第三方中介的参与。"

那么，谁是第三方中介？我们首先想到的就是自如、链家之类的房产中介。它们犯了什么错吗？要说大错也没有，只是它们选错了行业，就像当初卖房子的都选择对了行业一样。现有的生态当下似乎运行得也不错，运转流畅，服务齐全。但如果诞生另外一种生态，服务更加齐全，运转速度更快，最重要的是能够保证用户信息不被用作其他事情，你愿意选择哪一种？这时候你可能还会有所犹豫。但如果继续讲它的好处：你的信息不仅不被泄露，你交易资产也不用付费，而且还能定期产生一定的收益，以Token的形式返还给你，你愿不愿意？

有人始终想不明白：还有这样的好事？事实上，这是对"好事"这个词理解得不够透彻。脸谱免费让人使用它的软件，是不是好事？是。但它生来是为了助人为乐的吗？不是。脸谱是要赚钱的，其主要盈利方式是广告，你平常爱去哪儿，喜欢做什么，在哪些地方拍了照片，爱浏览哪些网站，喜欢什么，近期可能要买什么东西……这些信息全存储在脸谱的服务器上，它可以据此对你投放精准的广告。一句话，你的数据非常值钱，但你的数据并不属于你。区块链的去中介化就是要解决这个问题，就是要让你的数据属于你，让我们任意支配自己的数据，通过自己的数据盈利。

你可以说"我不在乎这点盈利"，但更好的服务、更透明的价格人人都需要吧？举个例子，你想打车，现阶段的定价策略是企业说了算，但区块链时代不一样，你只需要发布你的位置、目的地，你将能看到附近所有报价，不仅有出租车公司，还有滴滴、快的的报价，还有个人的报价，甚至地铁的报价也会出现。由于存在着竞争关系，价格将绝对透明。在这个过程中，你只是共享了自己的位置信息，从而获得了服务；司机只是共享了自己的位置、价格信息，从而获得了报酬。中间只需要互联网，不需要服务商，也就是第三方中介。

3. 区块链与个人隐私保护

让我们继续脸谱的话题：2018年年初，爆出了全球最大社交网站脸谱泄露5000万用户信息的丑闻，个人隐私就不必说了，重要的是，泄露的内容包括持卡人姓名、身份证、银行卡类别、银行卡号、CVV码等信息。看到此，你还觉得只是泄露些隐私不可怕吗？进一步，你也许已经在想：区块链真的能保护我的隐私吗？它离我还远吗？

我们生活在一个现代化的世界，现代化意味着高科技，高科技意味着你很难做到一个独立生活的绝缘体。生活中，超市购物刷脸支付、手机的指纹解锁、微信登录用声音进行验证等技术，无不透露出你的信息，再加上现在科技如人脸识别、指纹解锁、虹膜比对等生物特征识别技术在日常生活中广泛使用，不经意间我们就会泄露个人隐私。

再如移动支付、共享单车和网约车等全新数字业态的出现，它在方便你的同时，也极其蛮横地侵入了你的世界，不管你是否允许，数据的收集活动随时都在进行，我们的行为会被追踪，并且被保存下来。相关的APP不经意间就会泄露个人数据。

前面我们讲过人工智能与物联网——随着科技的进步，智能家居设备悄然普及，逐步走进寻常百姓家里。它带来的问题也很明显，只是大部分人没有意识到这个问题的严重性。相关技术固然可以为我们提供便利，但同时也把我们的隐私暴露无遗。比如家用摄像头、带摄像头的扫地机器人、智能电视、游戏主机等设备，很容易在远程被入侵，然后泄露用户家中的隐私画面，这些画面中可能就包含你的银行卡密码、社交软件账户等重要信息。具有一定功能的智能电饭煲、微波炉等，还有可能被不良分子在远程控制，导致人为纵火等破坏性事故。智能门锁看似比传统锁更具安全性，但在专业不法分子眼中，如同无物，很可能成为引狼入室的元凶。当前人们在享受互联网时代便利的同时，常常会感慨这是一个没有隐私的年代。网络爬虫、人肉搜索，将人们置于显微镜下。打开手机，各种促销电话接连不断，被骚扰一下还则罢了，因信息泄露遭遇经济诈骗的报道实际上屡见不鲜。公共场所的摄像头等联网设备，也是不法分子入侵的重灾区。比如曾有新闻报道12306数据遭泄露，很多人并不以为然，殊不知，一旦这些数据被不法分子利用，我们的财产安全与人身安全就会遭遇重大威胁。

说到底，人们迫切需要区块链技术为自己的隐私加把锁，同时也需要区块链技术加持物联网与人工智能技术，让它们更好地服务自己的生活。很多科研团队的试验与实践均表明，区块链技术确实可以完美解决物联网中安全性弱和隐私性差这两大弊端，同时为技术创新提供更多空间。

有人可能会问：区块链能彻底解决隐私泄露问题吗？答案是"不"！也有人会问：区块链一向以数据公开透明而闻名，在数据公开的同时做到隐私保护，这不是自相矛盾吗？其实，在数字经济时代，完全意义上的互联网隐私本来就是个伪命题。用户行为必然产生数字痕迹，而且难以被抹灭或者带走。你就算自绝于互联网，完全不上网，就能保证自己的信息彻底不泄露吗？显然不能。但区块链技术的出现可使用户在拥有数字身份的同时维护自身隐私，可以自如地允许或不允许个人或特定组织访问、储存、分析或分享个人数据。每一步都需要进行识别和验证，都必须满足用户的设定条件，从而令个人数据掌控权从互联网公司转移至用户自身，使个人掌控自己的数据成为可能。区块链公开透明不假，但用户拥有将什么数据设置为私密，什么数据公开放到区块链上的自由。所有的数据都可以上链，但有些信息可以加密且只有用户自己才能打开。

4. 打通数据交换通路

当前是大数据时代。你也可以说现在是互联网+时代，未来是人工智能时代、区块链时代、物联网时代，但它们有一个共同点，那就是都离不开数据。

目前，社会上不缺乏大数据分析的团队，也不缺乏人工智能、物联网、区块链技术团队，更不缺乏应用场景。但到头来，我认为最缺乏的还是数据，特别是高品质数据。我们的数据分散在各大互联网巨头的服务器上，它们是拥有大数据的。有人认为政府也握有大数据。很多人对此表示怀疑，包括我。退一步讲，就算政府部门握有大量数据，但大多数政府部门毕竟不同于企业，很多政府并不清楚自己有什么数据，更不清楚如何深度分析和挖掘数据，所以也就不了解其中的价值所在。这里有太多的信息，但形成了信息孤岛。企业是拥有并且知道其中的利害的，但因为知道其中价值巨大，所以他们竖起了数据烟囱，拒人于千里之外，包括那些被侵犯了个人数据权利的消费者。

这是企业的原罪，也是政府的落伍，需要企业与政府共同承担起使命，打通信息孤岛，生产高质量的大数据，做好政府大数据的开发应用，使其取之于民，用之于民。再进一步说，取之于全人类，用之于全世界。譬如去年，蚂蚁金服联合战略合作方香港长和实业以及菲律宾金融公司MYNT，通过渣打银行，建立起了一条实时到账、24小时不间断、省钱省事、安全透明的支付通道，此举主要针对在香港务工的菲律宾用户，让他们把赚到的钱汇回国如同在境内转账一样方便。我们知道，想到香港就会想到菲佣，想到菲佣就会想到汇钱回去养家。香港至少有20万菲律宾务工者，他们当初是怎么汇款回国的呢？非常麻烦——在休息日排长队，汇款时间要等待10分钟甚至几天，中间还会出现退钱等状况。

如果它可以方便菲律宾务工者，为什么不可以方便其他人？用马云的话说，他志在让全世界各地小企业、每个家庭、每个人汇款，用最低的成本，最快的速度，最方便的方式方法，最有效的方法，让每个人获得最普惠的金融服务。传统上，人们是打着普惠金融的旗号，服务20%的人，赚取80%的利润，而未来，现代金融技术至少也要达到服务80%的人，赚取20%的收益的程度。

如何实现数据共享与流通？这是大数据发展最大的瓶颈。大数据行业的发展大致经历了以下几个阶段：从最初的概念建设，到慢慢汇聚数据并产生价值，再到今天的行业化应用，可以说它已经趋于成熟。但各个企业还是各自留存和使用内部数据，不愿意与其他行业和企业进行数据的交换共享，这除了有利于企业自身之外，对大数据研究与社会进步均为不利。

有些企业的说辞是，之所以不进行交换，主要是考虑到数据在流通过程中的安全问题。确实，数据泄露隐患无处不在，数据安全主要有两方面，一是数据存储方面的安全，另一个就是数据在流通过程中的安全。我们看到，现在大数据很火，但大多数人更关注的是交易，真正在技术方面做努力的人很少。换言之，数据流通行业需要破界，要利用技术的力量，促进数据流通行业更好、更安全地进行交易。

不出意外的话，这依然要着落到区块链技术上。无论如何，总会有些机构不愿意把自己的数据资产都放到公有链上，有些机构为了保密也不允许这样做。但区块链技术可以使那些愿意把个人数据放到链上的人充分放心，他们可以自由选择是否开放自己的关键数据集，同时自行管理。比较私有的关键数据，也可应用访问权限与公有链隔离，完全视其自身的需要而定。另外，我们知道，未来会有更多的个体上链，这就为公有链引入了源源不断的人的因素，以及源源不断的数据，而不仅仅局限于机构，这不仅是建立更加强大、完善的大数据的基础，也会促进整个区块链平台的透明开放，进而筛选出更加优质的数据，为社会服务。

5. 革直销模式的命

直销,简单来说就是企业绕过传统批发商或零售通路,通过直销人员,直接销售商品和服务给消费者。这看上去是一种创新,实则是一种回归。远古时期,人们以物易物,就是直销的雏形。

现代意义上的直销源于20世纪50年代的美国,当时由于美国社会贫富差距太大,许多穷人没有改变现状的机会,美国哈佛大学的两个研究生发明了直销的概念,意在让穷人从事这个职业,让富人消费商品,调节社会财富现状。没想到,直销的问世,让许多企业滞胀的产品有了销路,萧条的市场也有了生机,许多穷人还因此改变了命运,这反过来促进了这种崭新的营销方式的盛行。

直销一度发展得很好,尤其是在中国,因为对企业来说,直销意味着减少了流通环节,可节省大量费用,而对直销人员来说,它非常自由,专兼职皆可,不必为创业辞职,也不必每天打卡,线上线下,工作休闲,都可以操作。现在,直销却有点人人喊打的味道。在国外,人们也早已厌倦直销了,这从一些直销巨头的业绩不断下滑这一点就能看出来。而且国外有个段子,把直销视作"三害"之一,即当有人邀约朋友出来聊聊时,人们都会问:"你是找我谈保险,还是找我谈直销,还是要找我借钱?"

至于传销,那不过是直销的一个邪恶变异,是被人利用的产物,与直销无关。直销不等同于传销,直销的魅力是双赢。所谓双赢,主要是指在

第五章 区块链下的营销革命

传统商品流通形式下，商品遵循着"厂家—总代理—省代理—市代理—批发商—商店—消费者"的庞杂环节，其中每个环节都需要管理费用，包括人工、运输经费、厂房水电费等，环节越多，产品的价格也就越高，再加上高昂的广告费，最后都只能由消费者承担，其结果就是商家浪费了资源，消费者只能买贵货。直销省去了环节，也规避了相关的不利因素，在一定程度上还规避了假货的问题。前面讲过，环节越多，商品越贵，厂家与消费者利益愈发受损，反过来讲也成立。

直销因为把中间的流程缩短了，产品由工厂直接送到消费者手中，省去了层层中间商，只剩下一个直销商，那么在节约下来的巨大利润中，就可以拿出一部分给直销商，这部分利润相对传统的批发与零售来说是非常丰厚的。但是不必眼红，因为这种模式对厂家、直销商和消费者都是有利的，是真正的双赢，而且是多赢。

但具体执行起来，又远不是那么回事了。简单说来，直销说到底是一个以直销员为侧重点的销售模式，而不是消费者。而且侧重直销员仍属表面，根本上还是侧重自己，格局太小。每一个直销商做直销，目的都是为了赚钱，这无可厚非。但在直销体系里，赚到钱的永远只有金字塔中上层的人，下层的人是赚不到钱，甚至亏钱的。如果直销商长期赚不到钱，那就会另谋出路，遑论顾客流失。

未来是一个全面过剩的时代，对个体而言，我们所面对的90%以上的产品和服务都是多余的。面对一个已经习惯被迎合的用户市场，无论是调动直销员的工作积极性，还是吸引消费者的参与感，引入区块链技术与思维都是必需的。不然，直销业恐怕连生存都会成为问题。

区块链的重要意义不仅在于创造新的市场需求，更多来自于对社会痛点的解决。人们对直销行业、人员与产品的种种不认同，归根结底不外乎"信息失真"四个字。无论是在之前的混沌时代，还是处在大数据时代早期的当下，信息错乱、数据混杂，黑色信息链条兴盛，都是其共同特征。在这种情况下，无论是企业间的合作，还是企业与消费者之间，都存在较大的不确定性。谁都会留一手，都会自然而然地期望少付出，多收获。而引入区块链之后，这样的问题将不复存在。因为区块链不仅是建立在技术上的，也是建立在共识上的，它的应用首先解决的就是目标人群的信任问题，并过滤掉人为因素，一切都交由数据决策，看似冷冰冰，实则规避了人情冷暖带来的不确定性。

未来，引入了区块链技术的直销系统是不分直销商与消费者的，它们是一体的，都会在链上被赋予前所未有的权利，包括ICO。只要你消费，你就享受消费投资的回报。只要你销售，你就享受销售回报。单项回报的额度可能不高，但不论高阶、中低阶都可以获得，而且一切都有迹可循，随时都可以交易和变现，个人价值会被极致化，没有老鼠会，没有囤货杀，没有假冒伪劣，没有物不抵值，只要付出就有机会。

6. 消费即投资，参与即投资

这两年，区块链最火；前两年，则是共享经济。当时，几乎所有的企业都想与共享经济挂上点钩，除了疯狂山寨小黄车，就是打着各种旗号招摇撞骗。如当时有一家名叫"鑫圆共享"商城的机构，宣称直接对接国家发改委，宣称他们将打造一场消费关系的大解放，将"消费者"升级为"消费商"，即消费可转化为投资，能获得高额返利，不仅人人可参与，而且"买多少，返多少"。但是，没有任何消费者在消费后获得过任何返利。这不过是一伙披着共享外衣的诈骗犯。

有人会说，你所说的"消费即投资，参与即投资"跟这看上去也很像啊！确实，但它们本质上不是一回事。上文中的诈骗犯，会鼓励你消费、诱惑你消费，你不消费他们会像黑导游一样愤怒；但我们不鼓励消费，我们只是提倡那些必须消费某些生活必需品的人，在购买商品时，尽量选择发放Token的品牌。如果有人为了贪图Token付出巨资，那绝不是我们的错误。

另外，我们早就讲过，区块链重在参与，不在于真金白银的投资。早期的比特币参与者，都是发烧友。后来的大规模矿机挖矿模式，其实已经走歪了。如果不是豪富，也不是急需，不要去买比特币，更不要去买一些新币，到处都在送糖果币，你只要参与进去，就有大把的糖果币可拿。将来它们从无价变成有价时，你也会赚翻。如果不涨，你花多少钱买的币都是赔。

诚然，我们说了，消费即投资，但也不要忘了那句老话：投资有风险，掏钱需谨慎。无论什么概念，只要它一旦火了，马上就会被投机分子盯上，沦为他们的圈钱工具。很多人，则出于对金钱的渴望，以及对风险的漠视，稍加考虑，便投身其中，有人甚至把家里的生活费、养老钱、治病钱都投入其中。刚开始高兴得不得了，因为骗子为了骗更多人，会搞口碑营销，让他们暂时得利，但用不了多久，便连哭的地方都找不到了。

我几乎可以在这里断言，那些承诺"稳赚不赔""高额返利"的大抵都是骗局，不论它是区块链项目，还是普通理财产品。这世上根本就不存在稳赚不赔的事情，羊毛也总是出在羊身上。只要你贪图它的高息，你的本金就已经很危险了。

心态的浮躁，以及对金钱的渴望，给了这些骗子一而再再而三的机会，共享经济也好，区块链模式也罢，在他们那儿都只是外衣，真正的核心其实就是"暴利"二字。消费者怎样才能按捺住内心，冷静对待？

首先我们要明白，投点钱就有定期回报，并不是不存在这种可能性，但高额回报一般不太可能出现。莫说天上不会掉馅饼，就是掉，也要考虑到高空坠物是会砸死人的。其次，要投那些实实在在的商业项目，越是出现一些诸如"领导""机关"之类高大上字样，越是要提高警惕，因为这愈发显得它不是一个正常的商业环境。

然后我们回到消费本身，讲讲消费与宏观经济的关系。众所周知，消费、投资、社会融资是宏观经济的三驾马车。2018年已经过半，消费已然拉响警报，投资与融资也呈现急剧下跌。尤其是消费，不仅远远低于预期，而且创下自2003年5月以来的15年最低。这意味着什么？意味着整个社会的消费能力正在严重萎缩。消费体现的是社会购买力。社会消费品包括衣食文娱，也包括汽车家电，但不包括住房。购房一般被认为是投资性支出。换句话说，整个社会的钱都被锁定在了房产上——按揭买了房子，每月必须还款，你敢消费试试！

而没了消费能力，商家生产那么多东西卖给谁？以前可以靠出口，但现在，贸易战愈演愈烈，该应战当然要应战，但与此同时也要进一步扩大内需。考虑到社会购买力不足是个中关键，最近央行逆美元加息而行，大规模降准，以往很难获得商业银行贷款的中小企业，这次也获得了专门照顾。但这还远远不够。如果这项货币宽松政策不能切实宽松到每个消费者身上，消费者终究是无钱可买。这就回到了我们之前的设计上，中小企业，当然也包括所有商家，在竞争日趋激烈的当下，应主动与区块链挂钩，认可我们所强调的未来世界的财富和资产的再分配方式，选择发放Token，培养消费者消费即投资的共识，紧紧地和消费者连接在一起。

第六章

区块链下的行业应用

1. 区块链与"世界货币"Libra

戴维·马库斯（David Marcus）是Libra背后的关键先生。马库斯深度理解支付问题的核心。其本身就是美国创业圈中赫赫有名的人物，曾和埃隆·马斯克和彼得·蒂尔等一些美国创新型企业家共同工作过，做过PayPal前总裁。这是一群典型的迎合未来最大趋势的人。

在加盟脸谱之后，戴维·马库斯先后负责Facebook Messenger和现在的区块链业务。2019年上半年，恐怕没有什么事件有比脸谱即将推出世界货币Libra更吸引全球的目光了。这是世界金融市场中的一颗极具震撼力的"炸弹"。

那么Libra究竟是什么呢？这很难用一句话来回答。我们都知道，人类跨国、跨文化的信用问题，是个世界级的大问题。那么谁解决了人类的大问题，谁将成为最大的受益者。而脸谱，似乎就成了这样的受益者，其为全球用户推出了一个简洁的基于区块链技术的数字货币——Libra，预计可以解决几十亿人的财富和资产交易流通问题。

如果Libra的发行者不是脸谱的创始人扎克伯格，只是中小国家的一个区块链创业者，那就不会引起如此大的轰动。扎克伯格宣布退出Libra计划，这也意味着某种程度上区块链及数字货币从"小众"市场彻底面向大众。全世界有史以来最大的互联网社交力量被导引进了区块链时代。

我们知道，货币历史的演进是从有价值的替代物——贝壳、黄金、银币——到无实际价值、只代表信用的纸币。例如，美元在1971年8月15日，由美国总统尼克松宣布正式与黄金脱钩，从那天开始，美元正式仅代表了一张纸的实际价值，但美元所代表的信用和共识价值，也在那天正式诞生。到了今天，世界上绝大多数的货币，都以一个地区或范围的人群所具有的价值共识为基础，仅代表信用的价值。既然纸币如此，而以比特币为代表的数字货币，就更是这种信用和共识价值推动产生的新一代货币产物，更具有全球用户共识，更有流通、存储和使用上的便利。而Libra就是这么一种非常具有潜力的新一代数字货币的代表。

这种货币单位被称为Libra。Libra 需要被很多地方接受，且对于那些想要使用它的人而言应该易于获得。换言之，人们需要相信他们可以使用 Libra，并且相信其价值将随着时间的推移保持相对稳定。与大多数加密货币不同，Libra完全由真实资产储备提供支持。对于每个新创建的Libra加密货币，在Libra储备中都有相对应价值的"一篮子"银行存款和短期政府债券，以此建立起人们对其内在价值的信任。Libra储备的目的是维持Libra加密货币的价值稳定，确保其不会随着时间剧烈波动。Libr在加密经济领域，是典型的稳定币种。它的创新性在于拥有71个超级节点组织联盟，它们不单是区块生产者，它们本身就是用户。可以说，这是一种资源创新。

Libra是一种锚定美元的稳定的数字货币，或者说是美元在数字资产领域的影子货币和中介货币。美元背后的经济架构在近年来越来越为人诟病，支撑美元的石油、军事和先进科技优势被其他大经济体逐步追平，石油资源国正在逐步脱离美国的掌控，军事领域无力再推进一场局部战争，在先进技术领域，其代差优势已经不复存在。巨额的美元内外债达到了22

万亿，靠着美国政府信用支撑的美元体系已经面临着系统性的危机。

Libra的背后，戴维·马库斯与其说是一位企业家，不如说其是一位纵横家。在一场关于Libra的听证会上，他直言不讳地说明，历史上最大的社交力量持有Libra，其实也就相当于几十亿人持有美元。可以看作是新世界金融战争的一部分，对于中小经济体来说，是一场金融灾难，因为中小经济体很难保证其自身金融的稳定，一旦所在国用户习惯使用Libra，则等于本币被架空，变成美元的新领地。

分析家指出：这是在为即将到来的美元危机提供战略对冲的机会，扩大了美元的用户基础，也等于是在间接为美元续命。

扎克伯格和马库斯对外界表示，脸谱不寻求自己在新数字货币发行过程中的垄断地位。话虽这么说，但从美联储和美国政府的支持态度来看，已经说明了问题。作为美元向数字资产扩展的过桥型交易工具，Libra已经成为美国进行全球美元市场扩展战略的一部分。

马库斯知道这是企业在和美国政府一起设计一个更大战略的框架，当然，这笔交易是划算的。

扎克伯格完全将这件事情看成是企业的行为，但是背后的战略规划师马库斯则认为，企业和世界当下最强的货币力量捆绑在一起的发展模式是符合企业利益的。他说："这听起来可能极具争议，但没有比这更好的方法来证明我们思维的演变，我们知道什么该控制，什么不该控制，什么不能控制。一个能让数十亿人在世界各地转移资金的网络，不应该是我们能够或应该控制的东西。"

企业当然不能控制美元的流向了，但是只要一使用美元，事实上个人甚至国家都处于美国政府和美联储的监管之下。有关分析家进行了一次推演，Libra可能为脸谱带来巨大的收益。其"第二美联储"的战略野心也就暴露无遗了。美元将从一个口袋变成两个口袋，一个装在美联储口袋里，一个装在扎克伯格的Libra里。

推演表明：由于脸谱拥有接近30亿的用户，如果可以向Libra有效转化用户，经过若干年的发展，不但用户的支付习惯被彻底改变，竞争者也很难再有翻身的机会。

回到技术层面，当然不会说出政治和地缘上的战略安排，而全部都集中在好处上，根据Libra白皮书所说，Libra运行于Libra区块链之上，它的目标是成为全球金融的基础架构，它可以扩展到数十亿账户使用，支持高交易吞吐量。而一个Libra币等于1美元，这个价格是稳定不变的。如果有10个Libra，那就意味着有10美元，可以在接受Libra的地方花掉这部分钱。你也可以花钱买Libra，也可以拿Libra换钱。根据Libra白皮书，创造Libra只能通过法定货币1:1购买Libra，法币也将转入储备金。而储备金的规模决定了Libra的实际价值或有波动，但是很小。

研究一下白皮书，就能知道Libra可以用来做什么。这个系统就如毛细血管一样，插入到支付市场的每一个细节，这是可怕的地方，这不仅仅是一种支付模式的转换，也是一个新的金融时代的来临。

作为中国用户来说，Libra在生活中的作用非常好理解，最直观的理解方式就是把Libra看作由脸谱发行的，类似于Q币的东西。但更加透明，应用场景更大。大家可以想象一下Q币和支付宝或微信余额的结合。用户可以用现金换取Libra后支付所有脸谱所支持的产品。比如，脸谱旗下的Messenger、Instagram、WhatsApp就终于可以在手机上更快、更便捷地完成生活中的转账付款了。这一功能中国早在多年前就已经开始普及，但

区块链+实体经济应用

Libra采用的数字货币的方式,在某种程度上意味着全球经济大国之间的博弈,即将以数字加密货币的形式展开。

除了脸谱旗下的产品外,截止目前,已经有投资机构、区块链、社交媒体、通信公司、电子商务、共享出行、非营利组织、音乐、旅行、支付等多领域的29家合作伙伴确定加入到Libra Association(Libra协会)中并参与运营,并且这并不是普普通通的29家机构,其中包括了Uber、eBay、PayPal、Vodafone、Iliad、Lyft,也有Mastercard、VISA、安德森·霍洛维茨基金、USV等老牌金融机构。在电子商务行业内,全球知名的电商平台eBay、阿根廷电商网站Mercado Pago、在线奢侈品网站Farfetch,以及知名的投资机构,比如由苹果公司联合创始人马克·安德森(Marc Andreessen)创办的安德森·霍落维茨基金(Andreessen Horowitz)、推特(Twitter)和Coinbase的投资者Union Square Ventures等,当然也少不了为Libra Blockchain提供技术支持的区块链公司,比如Coinbase、BisonTrails、Xapo等,都将成为脸谱生态外的主要支付参与者。并且官方预计,参与Libra协会的机构会以极快的速度增加到100家。要知道,想要加入Libra区块链的机构和公司,需要向脸谱交纳1000万美元的会员费用,之后才可以在这个区块链上运行节点,以便获得数据查看和数据写入的权限。这意味着,光这一项费用,脸谱就可以收入10亿美元,这相当于已经为Libra项目完成了10亿美元的融资。

如果进展顺利,这个新体系一年或可承载50万亿至70万亿美元的交易量。这将为美国带来巨大的资金池,能够部分解决美国的国债问题,改变国债的结构。届时Libra只需要收取千分之二的手续费即可。而仅该项手续费收入就会比现在脸谱全部营收还要高。

可以说，Libra的出现将直接推动脸谱的战略推进，它将在盈利模式、全球数字货币上产生巨大影响力。首先，脸谱可以通过合作伙伴的加入赚取不菲的加盟费用，比如数十亿美元。但这仅仅是短期的收入，脸谱其实可以通过收取类似于信用卡的转账手续费或者支付手续费来获得源源不断的巨额收入。有专家预测，Libra未来可能会承载50万亿~80万亿美元的交易量，如果每笔费用收取千分之二的手续费，那么一年最少有1000亿美元的手续费收入，这将超过当前脸谱全年的营收。如果脸谱稍稍刺激一下消费，或者提高一下手续费比例，那么这一数字将突破2000亿美元。

要知道，跨境支付每年有超过120万亿美元的市场，现行换汇的价差以及跨境信用卡支付的手续费、动辄5%以上的手续费和服务费等，都让出国或者做国际贸易的人感到心痛，而数字加密货币并不像传统数字货币一样受到政策和区域的影响，只要有互联网接入，区块链能够连接，就可以通过区块链进行转账。这就让Libra具备了全球货币的特性。无论是跨国转账，还是跨境支付，都能轻松实现。可以说，只要脸谱把跨境支付手续费降低一个数量级，就可以把传统的换汇业务杀个"片甲不留"。

在这里可以预测，当Libra稳定运行几年，并让庞大的脸谱生态用户体验到Libra的便利之后，届时Libra将真正变成一种金融工具，使旗下的电商、游戏、服务和金融数字生态发生彻底的转变，同时也会给目前全球的货币体系带来前所未有的冲击。当所有的服务不再以美元或者传统货币计价，而是以Libra来进行计价时，那将会是怎样的一种场景？

简单来讲，一旦27亿的脸谱用户接受了Libra，那么脸谱将在数年后变成这27亿人所在国家的中央银行，对该国经济进行渗透。同时它还将在税收、监管、防范犯罪等领域有所作为，因为资金的流向也将透明开放（匿名处理）。

可以说，Libra一旦正式开始运营，其影响力可能是天翻地覆的，而我们能做的就是如何在这天翻地覆的局势中快速适应、快速自立。

中国政府及其央行需要密切注意Libra的发展趋向，对于中国这样的超大规模的经济体来说，不是Libra即将进行金融权力争夺的对象，因为和脸谱相比，中国本土互联网社交和支付模式已经形成（比如微信），但对于这样的变革趋势不能够视若无睹，毕竟中国现在是全球性的国家，需要走在变革前列，成为新的引领者，而不能成为一个被动的防范者。

2. 区块链与新零售

在2017年，除了势不可挡的区块链概念，还有一个新概念横空出世，它就是新零售。

所谓新零售，简单来说就是融合线上和线下，打通数据和营销体系，采用技术手段，寻找更深的关系链，产生更高效的交易。新零售概念下，销售的不再是单纯的商品，而是服务，服务一个个具体的人，是真正的以人为本。

我们已经从中看出了明显的区块链思维。而区块链+新零售不仅仅是新经济的风口，也不是简单的联姻关系，而是一种必然。相关调查也表明，无论是专业人士还是普通消费者，均认为区块链技术将在未来产生重大影响，而受影响力度最大的行业，就是零售。

我们知道，新零售一定离不开互联网，它是前提。先前，电商时代到来曾一度引发线上商业的繁荣，但如今传统电商无论是流量增长，还是存量客户的转化，都面临瓶颈。诸如区块链、云计算、大数据、人工智能等技术的出现，一定程度上破解了这些瓶颈，为其发展注入了蓬勃的新活力。具体到区块链技术在电子商务方面的创新应用，具体表现在以下方面：

首先是营销环境。随着电商之间竞争日益白热化，种种营销手段也被各大商家应用得淋漓尽致。但是这些营销手段存在着一定问题。比如，信誉的真实性问题。提高卖家信誉是电子商务营销的必不可少的手段之一。但是，在虚拟网络中信誉的真实性很难保证。除了一大部分用户担心商家的报复，一般都会给予较好的等级评定的情况外，有些商家会通过赠送额外商品或小额返现的方式，博取违背买家意愿的评语。而少数恶意的卖家甚至会通过大量注册虚假客户或者盗用客户信息，在自家网店内进行信誉评定。

除了信誉不够真实外，电子商务平台中的商品推荐系统也常是虚假信息的聚集地。首先，推荐系统数据源的真实性难有保证；再者，有些平台还存在着平台和卖家的利益勾结，处于中心管理地位的平台完全可以更改某个商家的产品在推荐系统中的位置。由此，种种因素导致的信息不准确已经让电子商务营销逐渐趋于形式化。

运用区块链技术，可以对现有的信誉系统和推荐系统的不足之处进行优化，保证系统数据的准确性，并提高系统的实用性。用户的消费体验数据存储在区块链上，防篡改，可追溯；并且去中心化的结构使每个节点具有了自治能力，为用户的如实评价创造了环境。更重要的是，在区块链基础上赋予零知识证明、同态加密与环签名等技术，能有效地保证客户隐私并提升客户识别的效率，从而让营销具有公开化、高效性、合理性和联动性，形成空前的新的商业信任关系。

其次是去中心化交易。一度，借助于微信、QQ等移动社交工具，去中心化的点到点的电子商务模式应运而生。凭借其成本低、速度快等特点，实现了生产者经济效用最大化和消费者最优的性价比。但由于很难找到类似第三方的信誉保证，去中心化很难付诸实施，只能搁浅。而区块链可以推进相应变革，实现完全的自由贸易，不会产生交易成本，也没有人能审查交易双方及交易过程，消费者因此不用担心个人信息被泄露和滥用，商家也不用再担心自己的客户源受控于第三方。加之整个交易过程公开透明，全程都记录在区块链中，一旦有用户发现非法交易或者售卖假货，马上就能向执法部门举报，由相关部门进行惩罚。

再次是在线支付系统的升级。区块链支付的出现撼动了中心化支付模式，相对于网银支付和第三方支付来说，实现了去中心化会具有更高效的支付体验。它能让参与者分享实时账本，并采用去信任的共识机制验证交易的真实性，由于不需要中心机构进行审核，因此节约了大量的交易成本。由于每个区块都存储了整个系统的数据备份，并通过数字加密技术确保数据的安全，传统中心化结构系统容易受到恶意攻击的问题也不复存在。最重要的是，区块链支付是建立在点对点网络之上的，可以实现全天候支付及跨境支付，其透明性及防篡改性也能有效减少或防止国际商业贸易中的欺诈行为。

当然，新零售不等于电子商务，区块链技术的影响也终将蔓延到整个零售行业。无论是线上还是线下，传统还是新兴，大部分零售行业都有交易数据碎片化、交易节点多样化、交易网络复杂化的特点，区块链加新零售，不单单是商誉的重塑，数据的重构，而是通过移动互联网拉近了商家与消费者之间的距离，更清晰地掌握消费数据，了解消费者的喜好、行为和消费趋势，对企业和商家组织生产和货源有直接性的数据驱动作用。从业人员应紧紧抓住时代的脉搏，把握机遇，因势利导，更好地适应区块链技术下的新零售大环境。

3. 区块链与物流

近几年，我国物流行业称得上成长迅速，但在正视这一点的同时，也要看到行业中存在着一些非常严重的问题尚未得到解决，如效率低下、经常丢包爆仓、错领误领、信息泄露、链条长等。如今，基于区块链的应用已延伸到社会的各个领域，在物流领域也得到了初步发展。依靠区块链技术，能够真实可靠地记录和传递资金流、物流、信息流，从而优化资源利用率、压缩中间环节、提升行业整体效率。

早在2016年11月，欧洲最大港口鹿特丹港便携手荷兰银行、代尔夫特理工大学、荷兰国家应用科学研究院、德斯海姆应用科学大学鲜花交易中心等单位，共同组成区块链物流研究联盟，率先探索起区块链在物流领域的作用。这是世界上首个专门针对物流领域搭建的区块链联盟，针对但不限于探索区块链技术在物流行业的作用。

2017年，一家名叫Yojee的新加坡公司首开先河，率先在行业内利用区块链技术，来帮助物流公司调度车队。该公司构建了一款以区块链技术与人工智能为核心的软件，能够优化和管理车队，利用机器学习将物流交付工作自动分配给司机，减少对人工调度员的需求，从而降低物流供应商成本，同时为客户提供更便捷的交付，并利用区块链技术跟踪和存档交易和交货细节，以便在必要时始终可以对其进行验证，保证货物的安全性。

国内方面，无论是行业内，还是行业外，均早已开始了对区块链技术的应用与布局。但总的说来，应用区块链对物流业的好处主要有以下几方面：

首先，保证货物安全，避免快递爆仓丢包。区块链是一种分布式、多节点、大家共同操作的数据库，系统中的每个人都可进行记账，使整个系统获得了极大的安全性，也保障了账本记录的公开透明，避免了人工与纸质信息流程，大大降低成本，提高效率。对于货物的运输流程也可清晰地记录到链上，从装载到运输再到取件，整个流程清晰可见，可优化资源利用、压缩中间环节，提升整体效率。同时，借助区块链技术的防伪与溯源功能，确保了信息的可追溯性，从而避免丢包、错误认领的发生。对于快件签收者来说，只需查下区块链即可，这就杜绝了快递员通过伪造签名来冒领包裹等问题，也可促进物流实名制的落实。

其次，优化货物运输路线和日程安排。在国外，区块链已有了一定规模的应用。比如将区块链用于集装箱的智能化运输，具体说来是把集装箱信息存储在数据库里，区块链的存储解决方案会自主决定集装箱的运输路线和日程安排。这些智能集装箱还可对过往的运输经验进行分析，不断更新自己的路线和日程设计技能，使效率不断提高。对于收货人而言，不但能从货物离港到货物到达目的港为止全程跟踪，并且还能在一定程度上修改或优化货物运输的日程安排。

再次，保密需要。在物流过程中，通过运用区块链的数字签名和公私钥加解密机制，可以充分保证信息安全以及寄件人、收件人的隐私。比如，快递交接需要双方私钥签名，每个快递员或快递点都有自己的私钥，是否签收或交付只需查一下区块链信息即可。假如用户并没有收到快递就不会有签收记录，快递员也无法伪造签名，因此可杜绝快递员通过伪造签名来逃避考核的行为，减少用户投诉，防止货物的冒领误领。而收件人也不需要在快递单上展示自己的实名制信息，使得安全隐私有了更多保障，从而会有更多人愿意接受实名制，进而促进国家物流实名制的落实。此外，运用区块链的智能合约，还能够简化物流程序和大幅度提升物流的效率。

又次，国际物流顺畅化。较之国内物流，国际物流由于运输距离长、中间环节多，涉及海关、银行、保险、商检等部门，物流运行过程更加复杂，效率更难提高。而通过运用区块链技术，能够将众多组织全部链接起来，并将所有组织的信息实时记录到区块链里，企业、货主、海关、银行等均可实时分享，从而大幅提高供应链的透明度和数据的可信度，同时也实现了无纸化办公，节约资源，提高效率。

最后，危险品监管。在物流中，有一类比较特殊的物品，也就是危险品。危险物品的储存和运输中，除了要考虑成本和效率，更重要的是要处理好安全保障的问题。基于区块链的不可篡改等特点，它能实时、准确、有效地监管危险物品在整个物流中的流向和状态，利于监管部门进行事前监管而不是事后问责。加之区块链可以记录供应链中的分销商、供应商、运输商等所有相关信息，并永久保存，一旦出现问题，监管部门可以及时迅速地进行查询和追责。

4. 区块链与医疗

医疗行业的发展，对人类社会的影响最为直观。长远来看，随着区块链技术的落地和发展，它将给医疗领域带来显而易见的革新，医疗机构、制药厂、保险公司以及所有人，都可以从中获利。

首先，区块链技术能保护医疗数据安全共享，提高医疗效率和协作度。如今，包括电子病历、医保数据、健康档案等在内的所有医疗健康数据，基本上全都存储在公共卫生部门或者医疗机构的内部数据库中，因为涉及个人隐私，它们很少能被共享和开发利用，但这并不意味着这些数据本身很安全，系统性的数据泄露时有发生。据报道，2015年，美国第二大医疗保险公司安森保险（Anthem）就被黑客盗取了超过8000万名客户和雇员的个人信息。同年，加州大学洛杉矶分校医疗系统遭遇黑客攻击，大约有450万份客户医疗数据遭泄露。类似事件频频发生，让医疗机构更加不愿意把数据放到网上或者分享利用，数据的价值由此很难发挥出来。

区块链是解决良方。在区块链上记录和存储的医疗健康数据，并不只属于某个中心化的机构，这些数据是被加密的、匿名的、不可篡改的，而且是可编程的。这些特征保证了个人医疗健康数据的隐私和所有权均可受到良好保护。它可以授权用户合法地利用这些数据，但不能私自占有数据，也不能非法篡改数据。由此，基于区块链建构一种去中心化的健康数据存储方式，能更好地保护个人隐私，就算医生也要在患者授权下访问；

患者本人也能利用用户身份标识符或公开密钥,实时获得自己想了解的健康信息。在患者自愿或同意的基础上,区块链技术可使个人医疗健康数据安全记录、存储和共享,从而实现跨医疗机构、跨地区乃至跨国家的医疗健康数据的共享和协作。

在区块链上,患者的电子健康数据会被多方授权建立、追加、分享,整个医疗行业的效率和透明度将会被重塑,而数据真正的掌握者则将变成患者本人,每个人能够成为自己数据的主人,而不是现在的某个医院或第三方机构,新型医患关系也将重新建立,应用前景十分广阔。

另一方面,目前医疗领域存在医疗数据丢失、数据孤岛化等问题,导致有些医院或医生无病例可循、无资料可参考的窘境不说,也不免耽误患者的病情。引入区块链技术,则可以大幅缩减健康医疗成本,提高效率。一旦打开中国乃至全球的健康医疗方面的数据孤岛,最终受益的将是全人类,对整个行业的发展也起到不可比拟的促进作用。

其次,区块链技术可用于中药产品的防伪。中医是我们的传统文化及国宝,中医疗效的好坏很大程度上都取决于中药的真伪,但由于中成药品种繁多、种植地域广泛,真伪并不好控制,并且是一个一直困扰中医药发展的重大问题。有观点认为,目前中药的真伪已经严重影响到中医的发展,中药的造假会极大地影响疗效,而区块链是一个良好选择。基于区块链技术的数据防篡改、可追溯、永久保存、历史记录有对应时间戳等特性,可以在一定程度上保证药品来源的可靠和真实,并为假药追溯和查询提供证据;制造假药的厂家被查询出来后,还会被永久记录,使得造假成本大增,从而在一定程度上遏制造假活动。

再次,识别非法的医疗网节点。现代医院里通常都有很多传感器,有的是无线连网形式。如果有不法分子在医院放传感器，自动接入，往往难以识别。基于区块链技术的服务器有一定的识别能力，一旦服务器发现有木马攻击，就会主动通知网管，关闭与感染了木马的传感器直接连接的网关，从而保证数据安全。此外，信息进入区块链后会永久存储，每个事件和操作都有时间戳，事后不可更改，单个节点对区块链的修改无效，从而从技术上保障医疗平台的稳定可靠。

最后，降低医院中心数据库成本。当前，医院医疗网的所有数据流都汇集到单一的中心控制系统，初时只嫌少，但随着数据的大量增多，成本的压力也会大为增加。去中心化的区块链技术不采用中心服务器架构，没有中心控制系统的压力。尽管有人说，如果医院医疗网节点太多，而每个节点都需要有区块的计算能力的话，对成本也是一个巨大挑战。但医院可以采取一种介乎于中央控制与全分布控制的折中方案，即将医疗网的节点分为两层，选择其中一层的少量节点按区块链方式工作，尽可能地利用其优势，规避其弱点。更何况随着区块链技术的发展，相应优势会越来越明显，相应缺点则会越来越少。

5. 区块链与教育

正如2016年10月工信部颁布的《中国区块链技术和应用发展白皮书》中所指出的:"区块链系统的透明化、数据不可篡改等特征,完全适用于学生征信管理、升学就业、学术、资质证明、产学合作等方面,对教育就业的健康发展具有重要的价值。"区块链能够在教育就业生态的构建和发展中发挥重要作用,其教育应用价值主要体现在以下几大方面:

首先是助力构建学信数据库。当前的教育领域,存在着信用体系缺失,以及教育就业方面学校与企业相脱离等问题。基于区块链的分布式学习记录与存储功能,可使任何教育机构和学习组织都能跨系统、跨平台地记录所有学习行为和学习结果,并永久保存,形成学信数据库。用人单位在招聘时,也可以通过合法渠道高效、全面地获取学生的任何学习证据数据,并对应聘者与待招岗位间的匹配度精确评估。此外,学信数据库还是高校开展人才培养质量评估、专业评估的重要依据,有助于学生技能与社会用人需求的无缝衔接,可有效促进学校和企业在人才培养上的高效精准合作。

其次是帮助建立健全教育智能交易平台。通过区块链的智能合约,可以完成教育契约和存证,构建网络教育智能交易平台。该平台系统中的购买、使用、支付等工作全部由系统自动完成,无需人工操作,并且购买记录无法篡改、真实有效,所有的交易和合约数据都将被永久保存。消费者在该平台系统中发出购买信息后，系统会基于智能合约的运行规则，自动将对应的学习资料准确地发送给消费者，有关该资料的物流信息也将被智能合约追踪，在消费者确认收到学习资料时系统自动确认完成支付，无需手动付款。此外，该交易平台还提供在线学业辅导、在线培训、工具下载等服务，学习者可根据学习需求进行选择，实现自主消费。

较之其他非区块链技术的交易平台，基于区块链技术的教育智能交易平台具有以下优点：一是区块链的公开、透明、不可篡改等特性，可以保证交易信息的真实有效，杜绝欺诈行为的发生；二是区块链的智能合约程序可以控制区块链资产，对资金和学习资料进行存储和转移，学习者购买资料、服务等交易信息被永久保存、可随时被追溯，为消费者和商家的权益提供了技术支撑与过程性证据；三是因为区块链智能合约程序属全自动执行程序，人工无法干预、篡改，因此能够提高平台交易效率，满足消费者对知识获取迅速的需求，并且能够保证交易平台的可靠性、稳定性；四是智能交易无需第三方支付平台，就可以便捷地实现学习者与培训机构、学习者与教师、机构与机构之间的点对点交易，从而不仅能提供有质量保证的更高效的在线学习服务，而且节省了中介平台的运营与维护费用。

再次是可基于区块链底层技术开发学位证书系统，解决全球性学历造假难题。随着就业竞争日益加剧与科技的飞速发展，学历造假已经成为阻碍教育全球化发展的重要因素。美国伊利诺伊大学物理学教授乔治·葛林（George Gollin）曾对文凭造假现象做过调查，估计每年约有20万份虚假学历证书从非法文凭提供商处售出。国际知名调查公司HireRight的一项调查结果显示，约86%的受访招聘方表示他们曾发现应聘者提供虚假学历信息。为了解决学术欺诈，尤其是学历造假这一教育领域的全球性难题，麻省理工学院、霍伯顿学校、肯尼亚信息与通信技术部等机构纷纷开始尝试引入区块链技术，构建全新的学位证书系统，以实现学历信息的完整、可信记录。基于区块链去中心化的、可验证的、防篡改的存储系统，可以保证存放于区块链中的学历证书和文凭的真实性，使得学历验证更加安全、便利、高效，同时还能节省人工颁发证书和检阅学历资料的时间、人力成本，以及学校搭建运营数据库的费用。

最后是建立安全、可靠、高效的开放教育资源生态。近年来，开放教育资源飞速发展，为全世界的教育者和受教育者提供了大量免费、开放的数字资源，但是与此同时，也出现了版权保护弱、运营成本高、资源共享难、资源质量低等诸多难题，区块链有望成为解决上述难题的最佳工具。具体说来有以下三点：

一是能强化资源版权保护。区块链非对称加密算法能使所保护的版权信息安全性与可靠性更高，同时由于公开透明的特点，任何信息都能被使用者随时查询、追踪、获取，从而有助于从源头上解决版权归属问题。二是能降低运营成本。区块链去中心化应用到开放教育资源建设中，可以节省大量中介成本。用户之间可直接通过点对点传播共享资源，从而减少大量投入在中介平台上研发、管理、维护的成本，降低开放教育资源运营成本。三是有效促进资源共享。区块链的分布式账本能将教育资源分布式存放于不同区块，通过点对点传播，实现所有节点共享学习课件和工具软件等资源，从而既可以提高共享效率，又可以解决资源孤岛问题。

6. 区块链与文化

在前面的叙述中，我们不时地提到区块链与文化产业的关系：由于文化产业总是存在盗版、投资融资不畅等问题，导致了目前文化市场的种种乱象，而对文化产业具有革命性意义的区块链技术，则可以提供远超之前所有技术平台的解决方案，会在将来给我们带来一个不一样的文化领域。

目前，我们至少可从以下面三个方面做相关展望：

首先是助力版权的确权与流通。由于区块链具有不可篡改特性，基于区块链系统产生的每一个版权从创建那天起，就可以具有版权权属、任何内容和形式的增减等方面的唯一性认定。由此，基于区块链建立的版权确权体系，将彻底解决从前由于无法准确指认版权权属而导致的版权纠纷。真正的创作者可以维护自己的利益，抄袭者则会付出相应的代价，读者观众也会有更明确的追随方向。前面说过，区块链是技术也是思维，在这里，区块链将落实为一种价值观，如在解决盗版问题方面，区块链的作用主要是提供无法抵赖的事实证据，从而使盗版者受到严厉惩罚，从而有效地减少盗版及相关丑恶现象的发生。

其次是去中介化。以往的文化内容分发平台如视频网站、网文网站、聚合媒体等，基本模式都是通过提供技术服务、运营服务来聚集海量的用户和内容，并借助其流量分配的中心地位占有会员和内容的大部分剩余价值。随着区块链技术的发展，这一商业地位将受到挑战，内容的消费者也将成为内容的投资者或生产者,内容与用户之间的连接将会更为直接和紧密,原有的中心化平台将从内容与用户的联接中心退居为技术服务供应商,通过为内容及用户提供良好的技术服务获得生存与发展的空间,原来通过垄断两者的联接占有大量剩余价值的模式将难以持续。这将大大鼓励创作者的激情与灵感,极大地丰富文化领域的发展与建设。

再次是改善文化的生产组织形式。即使是文化这种极需个人生命体验的东西,传统的文化生产组织形式也是企业式的中心化的生产组织形式为主,这严重限制创作者的自由,压抑文化的随性生长。随着价值尺度的更新,特别是区块链技术及思维的普及,以往那种自上而下的垂直生产管理模式也将发生变化。未来,基于区块链的工作关系将以个人为基本单位,通过人与人的组合来灵活处理工作任务和分享工作报酬,作为个体的生产者将更加自由,特别有利于以个人为生产单位的文化行业从业的实现。

在文化产业中,还有一个瞩目的板块,那就是艺术品市场。伴随着艺术品交易市场的发展,人们对于市场产品真实性验证的需求也不断增大。艺术品鉴定已经成为了艺术市场的焦点问题。由于艺术品动辄成万上亿,价值连城,有研究报告估计,每年全球艺术品、收藏品的伪造、欺诈的市场规模高达60亿美元,几乎占到了总交易额的10%。在国际市场上,"保真"也是难事。而在我国,文化艺术品鉴定难、评估难、交易难、变现难的"四难"问题始终是老大难,以至于一些价值连城的艺术品变成了白菜价,一些九流货色反倒被贡上黄金台。

这与目前艺术品鉴定手法有关,经常看鉴定的朋友都有所了解,当前最常用的鉴定手法都是"眼学",即以行业专家们的知识、经验和眼力来分辨、鉴别艺术品的真伪。但是,由于现代的复制技术水平越来越高,以及有些鉴定者可能会因为利益说谎等原因，"眼学"往往也不可靠。而区块链由于具有信息生成的时间戳及存在证明，可实时记录并完整保存所有鉴定和交易记录。当文化艺术品行业与区块链技术结合，相关信息将无法被篡改、伪造、删除，所有交易信息变得公开、透明，假货将无处遁形。人们不仅不会再为假货犯愁，甚至也不再需要依托中介等平台，直接通过对艺术品的追踪溯源，实现艺术品点对点交易，为艺术品防伪和公正交易提供了新渠道，再加上区块链的ICO功能，必将为艺术的发展带来更广阔的天地。

7. 区块链与能源

在能源领域，区块链技术同样处在高速发展之中，未来有很大的应用前景，概括来说主要集中于以下几方面：

首先是电力保障与流通。我们知道，数据的防篡改是区块链的重要特征之一，这一特点对于区块链在电力领域的应用相当重要。基于区块链技术，每一度电的产生和消费都会被完整记录在区块链网络上，而让每一度电都有迹可循的区块链，能够有效杜绝偷电漏电现象的发生。另外，由于区块链去中心化，这让分布式的能源共享成为可能，因此，未来当你有需要时，你可以直接与邻居交易一些他暂时用不着的电。

其次是能源智能化调控。通过区块链技术，还可以实现对能源智能化的调控，让智能设备与互联网信息经由区块链联接在一起。比如，某市区的摄像头捕捉到郊区某一输电设备突然异常断电，通过与其他相关节点反馈的信息，比如报警器的鸣响或某一区域灯光突然熄灭等对比，并且确认真实后，总部设备可以根据智能合约的规则设定自动派出相应人员与维修设备，去往现场维修。种种智能化调控方式，都能为人们的生活提供更多方便，有效提高人们的生活质量。

再次，维护电动汽车充电桩。未来是电动汽车的天下，电动汽车的运行离不开电动汽车充电桩。到现在为止，电动汽车充电桩运营商也称得上数量众多了，每个运营商基本都建立了自己的支付平台，出于运营考虑，各充电设施建设机构又往往发行不同的充电卡,并采用不同的收费标准,这给电动汽车用户带来了很大不便。而基于区块链的去中心化、共识机制等特点,运用区块链技术建立统一的充电桩底层支付平台,很容易为公众所接受。

在电动汽车与电力系统的交互领域,还存在着诸如私人充电桩难以实现共享、电动汽车的车辆到电网(V2G)技术缺乏激励机制、动力电池梯级利用无法保证电芯质量等很多问题。区块链技术可以在前述基础上,有力推进这些问题的解决。比如,基于智能合约和分布式总账,充电桩可以实现按时租赁,基于区块链激励机制的电动汽车V2G可以实现自动响应,基于区块链技术实现电池电芯生命周期数据的储存和认证等。

又次,保障电力信息系统物理信息安全。早年,由于电力信息系统一般是孤立系统,人们一般认为其受网络攻击的可能性不大。后来发现,这种观念是不对的。2010年,人们发现了有史以来第一个专门针对工业控制系统的计算机病毒超级工厂病毒(Stuxnet),其通常首先通过受感染的USB等设备渗透进计算机网络,使得与外部网络相互隔离的企业内部网络也可能受到超级工厂病毒的攻击。2015年年底,由于电力信息系统遭黑客攻击,导致了乌克兰的大规模停电事件。由于电力信息系统目前采用的数据库是中心化的,一旦中心数据库遭到入侵,则数据可被读取和篡改,信息安全便无法得到保障。而区块链的高冗余存储、去中心化、高安全性、隐私保护等特点,很适合应用于电力信息系统对隐私数据的存储和保护。基于区块链,可以有效地避免因中心化机构遭受攻击或权限管理不当而造成的大规模数据丢失或泄露,从而大幅提升能源互联网的信息安全。

最后,推动能源互联网发展。区块链的发展,能够推动能源互联网新商业模式的实施和发展。比如，推动光伏电站众筹、资产证券化等模式的实施和发展。当前，用户配电设施主要是用户自己投资建设，资金一次性投入较大。采用众筹方式进行投资建设，既可以降低客户负担，也能让投资者获得收益。但是该模式存在的问题一直难以解决。怎样才能确定众筹标的物和现实情况是对应的？这是问题的关键。要知道，如果无法确认标的物的真实性，就会产生很大的投资风险，从而影响投资积极性。另外，配电资产的投资收益和用电量有关，怎样才能提供精确可信的计量数据，从而保障投资者利益？基于区块链的特点，这两个难题都能得以有效地解决，使得众筹配售电有望成为一种新型商业模式。

另外，区块链技术还能解决能源系统活动中的交易摩擦。能源系统是一个很复杂的系统，包含的主体与个体很多，如果各主体缺乏信任，就很容易产生交易摩擦，交易摩擦更加难以避免。而区块链技术具有去中心化、公开透明、安全可信的特点，为解决能源系统中的交易摩擦提供了重要支持。

当然，上述应用目前来说仍处在初期阶段，能源领域效率较低、资源浪费等技术难题还未得到真正有效的解决，这一定程度上限制了区块链技术更广泛地应用，也难以形成技术标准。但这只意味着我们应该在相关国际标准形成之前，工业界、学术界、政府与民众各界大力投入，开展相关研发工作，以抢占这一领域的理论和技术高地。

8.区块链与政府管理

在人类文明史上,政府在公共事务方面的服务管理能力,一直是衡量社会是否进步的重要指标。进入现代以来,随着经济水平不断提高,各国政府在科技、文化、卫生和教育等领域投入了越来越多的人力物力,但依然存在很多问题。区块链的可溯源、安全透明、不可篡改等属性则可以帮助解决相关问题。

首先,区块链可推进"互联网+政务"的优化升级。

区块链技术在电子政务领域的有效运用,将有助于打破传统政务服务向"互联网+政务"服务转型的信用和安全藩篱,有益于互联网与政务深度融合的实现,优化政府业务流程,助力政务服务体验升级。基于区块链的不可篡改、非对称加密、可追溯等特性,以及基于网络共识构建一个纯粹的、跨界的"利益无关"信任网络的验证机制,可以使得通过区块链传输的行政相关数据信息具有高度的安全性和可靠性,并打造出一条牢不可破的网络"信任链",为网络交易各方构建出一个高度安全、深度信任的数据流通环境。

其次,区块链可提升政府服务效率,降低信息系统运营成本。

作为新型可信信息互联技术手段,区块链在网络数据交互中能够有效提升工作效率,并因分布式的结构而具有降低信息系统运营成本、减少运营负担的功能。据统计,区块链的应用能够为政府监管降低30%~50%的成本，并在运营上节约50%的成本。

政府各部门可以通过部署本地化的区块链节点，快速实现区块链分布式账本与业务系统数据的同步。同时，上链同步的数据仅为数据哈希，并不是完整原始数据的全区块链的同步。每条数据的哈希容量仅几十字节，能够在占用极小数据带宽的前提下，实现安全的数据记录同步。由此，各部门业务数据不需要再全量向中心化数据交换系统进行冗余复制，从而既减少了各部门工作量，也在跨部门业务进行之前保护了各部门的数据隐私，并减少了信息化服务中心对中心化系统的维护负担。

分布式的区块链节点能够帮助各部门在不依赖第三方的情况下，就能完成数据传输过程中对数据真实性、原始性的验证，从而确保数据传输的可信。由于验证所需的数据哈希在所有业务发生时即完成了同步，因此对数据的验证环节能够在验证部门本地完成，由此又提高了验证效率。

再次，区块链可促进阳光政府与政务公开的政策的落实。

根据阳光政府与政务公开政策的相关要求，许多政务信息化建设中目前已为市民提供了便利的政务公示查询环境，但从技术上仍存在内部管理权限泄露问题，以及管理权限被擅自使用引发的对数据记录进行违规更改的问题，任何对公示过的信息进行更改、对公示过的政策不予执行或未予共识擅自执行的行为，都会留下信任隐患。

基于区块链，数据记录可以通过多方节点共同完成，并留下发生时间明确且防篡改的数据记录。根据此记录，内部审查人员能够清楚地做穿透式监管。此外，市民也可通过任何一个参与到区块链网络中的可信节点对数据记录的真实性进行验证，从而有效地促进政务走向阳光、公开。政府部门通过区块链的应用也可将职能公信力与技术公信力实现进一步的叠加，从而更好地落实阳光型、服务型政府建设的政策。

又次，区块链可帮助建立新服务模式，进一步提升公信力。

通过区块链，政府各部门可以将数据记录建立可信联结，从而有效地建立不依赖第三方中心化服务器而实现跨部门数据流通的基础网络。通过联盟链架构的区块链的节点延伸机制，政府有关部门可以准确地对非政府机构进行数据价值输出。企业或个人也可在任意一个参与到联盟区块链的可信节点对自身数据的交换共享进行授权，从而促进金融机构对企业或个人形成更为快捷的信用评估与数据画像，让最高质量的政府数据在市场中获得价值。

在这种价值数据的流转模式中，企业或个人将获得更为优质的金融服务，而政府部门也可以通过输出有效的数据资源向金融机构收取数据服务费用，形成良性数据互通模式。与此同时，政府在该网络中也能够进一步获得来自于金融机构等非政府外部机构的数据资源，并通过区块链进行授权与可信验证，由此，就可有效推动政府在基于大数据的城市服务规划中能够更准确地获得基于真实数据的决策建议。

以政府部门率先建立的区块链数据可信流转网络为基础，还可以创建出更多的政务应用和新服务场景。在对数据真实性要求较高的互联网相关业务方面，如互联网金融、电商等服务，线上公正、仲裁、判决等司法服务，可以以政府率先发起的区块链基础设施网络来作为技术公信力与职能公信力双背书，对这些互联网业务中所涉及的关键数据提供存证服务，从而能够对互联网事件行为进行真实性的还原。在服务模式上，这也是政务信息化开放与包容的体现——不仅对政府内部，也能够对外部提供更为有效的区块链数据安全类服务。

最后，区块链可帮助一国政府保持全球竞争优势，落地政策指引。

目前，多国政府已对区块链采取了明确的拥抱态度。英国、美国、中国、俄罗斯等国都已经陆续展开区块链政府建设的探索，在多个场景下尝试区块链在政府公共服务中的应用。自2016年以来，我国政府已多次发布涉及区块链技术的行业政策指导文件，浙江、江苏、贵州、福建、广东、山东、江西、内蒙古、重庆等省份也走在前列，率先发布了自己的地区性区块链指导意见，浙江、江苏、贵州三省表现得最为突出。在接下来的几年，相信会有更多的细化的政策扶持文件陆续下发，区块链领域的所有人都应该认真理解、吃透政策，以抓住这一波政策红利。